# Direito do Consumidor no Comércio Eletrônico:

Uma Abordagem sobre Confiança e Boa-fé

Dados Internacionais de Catalogação na Publicação
(CIP) (Câmara Brasileira do Livro, SP, Brasil)

Salgarelli, Kelly Cristina
 Direito do consumidor no comércio eletrônico: uma abordagem sobre confiança e boa-fé / Kelly Cristina Salgarelli. -- 1. ed. -- São Paulo: Ícone, 2010.

 ISBN 978-85-274-1112-7

 1. Comércio eletrônico 2. Comércio eletrônico - Brasil 3. Consumidores - Proteção 4. Consumidores - Proteção - Brasil I. Título.

10-04753                              CDU-34:339.3:004:381.6

Índices para catálogo sistemático:

1. Comércio eletrônico e proteção do consumidor:
     Direito    34:339.3:004:381.6
2. Proteção do consumidor e comércio
     eletrônico: Direito    34:339.3:004:381.6

Kelly Cristina Salgarelli

# Direito do Consumidor no Comércio Eletrônico:

## Uma Abordagem sobre Confiança e Boa-fé

Prefácio de
Alessandra Arantes Sutti

Advogada, professora das Faculdades
Metropolitanas Unidas (FMU) em São Paulo

1ª edição
Brasil – 2010

Ícone
editora

© Copyright – 2010
Kelly Cristina Salgarelli
Direitos cedidos à Ícone Editora Ltda.

**Capa**
Dennis Casarine
Richard Veiga

**Diagramação**
Richard Veiga

**Revisão**
Juliana Biggi
Saulo C. Rêgo Barros

Proibida a reprodução total ou parcial desta obra, de qualquer forma ou meio eletrônico, mecânico, inclusive através de processos xerográficos, sem permissão expressa do editor. (Lei nº 9.610/98)

Todos os direitos reservados à
**ÍCONE EDITORA LTDA.**
Rua Anhanguera, 56 – Barra Funda
CEP: 01135-000 – São Paulo/SP
Fone/Fax.: (11) 3392-7771
www.iconeeditora.com.br
iconevendas@iconeeditora.com.br

# Prefácio

**E**nquanto aguardamos o momento de assoprar velinhas do Código de Defesa do Consumidor para comemorar seus 20 anos de vigência, os consumidores são presenteados com uma obra imprescindível e capaz de adentrar a zona crítica da Sociedade da Informação de forma inexcedível.

Fato é que a inserção dos meios tecnológicos nas relações de consumo deslocou a informação para um universo onde as percepções neurais do homem, antes exercidas por meio de sensações e despertares diretamente em seu objeto de consumo, foram tomadas pelos *bytes* do novo capitalismo, substituindo as vitrines pelos *frames* e estabelecendo uma inovadora forma de contratação por meio da conexão *TCP/IP*.

No entremeio da marginalização da informação e da evidência da *World Wide Web* – ou simplesmente *WWW* – como veículo para as contratações pós-modernas, deparamo-nos com a disseminação de vírus e crimes cibernéticos que contrariam as regras de conduta inexoráveis à harmonia e convivência social, exigindo dos órgãos públicos uma Instância Reguladora e, dos operadores do Direito, o delineamento dinâmico através da legislação esparsa.

Por uma feliz coincidência, o impacto social da Internet demanda o mesmo tempo de vida do Código de Defesa do Consumidor no Brasil e, em razão de uma timidez inexplicável da doutrina em falar abertamente sobre o tema, tenho muito orgulho em afirmar que agora esposa entre nós uma obra de calibre máximo no princípio que rege toda e qualquer relação contratual: a Boa-fé.

Exatamente pela intrepidez em explorar o universo da Boa-fé que oferece a essa obra o suprassumo das relações de consumo no comércio eletrônico, pois, ao referendar a fragilidade com que os meios de comunicação em massa ainda tratam as relações sociais em pleno século XXI, nós, leitores, somos impelidos a uma viagem no tempo, passando por uma retrospectiva dos recursos tecnológicos e, por conseguinte, afagando nosso ego consumidor ao ver retratado o ciclo de vida da expectativa nas contratações eletrônicas.

Com uma linguagem simples e agradável, a autora deixa claro que os comandos *on-line/off-line* e *enter/cancel* surgem como fatos geradores de uma nova forma de contratar, sendo imperiosa a rastreabilidade da Boa-fé dentro da plataforma tecnológica para amealhar-se a vulnerabilidade do consumidor moderno.

Ao ilustrar a evolução da Boa-fé objetiva, inconteste princípio da ordem econômica frente às fragilidades e inquietudes da declaração de vontade pelos meios eletrônicos, a autora também evidencia que, apesar da expansão global do consumo não apresentar quaisquer sinais de saturação, bem como a acessibilidade ao universo tecnológico estar apenas no seu limiar, o Código de Defesa do Consumidor é eficaz na proteção do consumidor contra as intempéries da Sociedade da Informação.

Todavia, por conta das multifaces da tecnologia e de suas atrozes mudanças no tempo e forma, a questão da segurança eletrônica coloca-nos equidistantes da harmonia nas relações contratuais, impondo-se aos aplicadores do Direito a observância no direito dos consumidores e no dever dos fornecedores.

Portanto, não se trata somente de uma relação virtual entre fornecedor e consumidor, mas um meio onde se busca efetivar o poder de escolha entre um produto ou um serviço, na expectativa de satisfação e cumprimento das obrigações. Expectativa essa tomada pela informação por parte do fornecedor, na confiança que rege as relações contratuais e protegidas pela Boa-fé.

Em decorrência dessas asserções que torna indubitável a contemporaneidade do tema, uma vez que o Brasil ocupa o *ranking* entre os cinco países com maior número de usuários da Internet, com cerca de 72 milhões de brasileiros acessando-a diariamente e, em contrapartida, também assumiu a liderança mundial dentre máquinas desprotegidas aptas aos *spammers* e demais ilícitos eletrônicos.

É inegável que a Internet mudou o rumo da história da humanidade. A *semantiké* de distância e o espaço físico sofreram verdadeira translação para um *click*, sendo este o representante do consentimento do usuário-consumidor ao enveredar pelas nações virtuais do consumo, mas o repensamento do Direito a que se refere a nobre autora deve ser interpretado como mola propulsora para a efetiva regulamentação das atividades cibernéticas frente à dimensão contratual intertemporal.

Aos ávidos consumidores e *internautas* que, assim como eu, remanesciam de uma confiança silenciosa frente ao frontispício tecnológico, faltava-nos um código da cidadania tecnológica. Agora não mais.

Se um dia a Internet foi uma *terra sem lei*, essa obra nos mostra que agora ela reside no princípio da Boa-fé. Então, com sua permissão, caro leitor, voltarei feliz ao universo *on-line*, *click* e *enter*.

**Alessandra Arantes Sutti**
*Advogada, professora das Faculdades
Metropolitanas Unidas (FMU) em São Paulo.
Assídua usuária-consumidora do universo WWW e sob a
chancela da boa-fé e confiança que regem uma amizade.*

# Sumário

INTRODUÇÃO, 15

**Capítulo I**
**A BOA-FÉ, 21**

1. ORIGEM E EVOLUÇÃO DA BOA-FÉ OBJETIVA, 21
    1.1. Origem no Direito Romano e a Boa-fé Canônica, 22
    1.2. A Boa-fé Objetiva no Brasil, 23

2. DEFININDO BOA-FÉ, 26
    2.1. A Boa-fé Objetiva e a Boa-fé Subjetiva, 26

3. APLICABILIDADE DA BOA-FÉ OBJETIVA, 28
   3.1. Sistema Legislativo Aberto, 29
   3.2. Sistema de Cláusulas Gerais, 30

4. FUNÇÕES DA BOA-FÉ OBJETIVA, 33

5. JUSTIFICATIVAS DA BOA-FÉ CONTEMPORÂNEA NO DIREITO DO CONSUMIDOR, 37
   5.1. Surgimento das Salvaguardas Legais e Reconhecimento da Vulnerabilidade, 39
   5.2. A Boa-fé no Código de Defesa do Consumidor, 40

6. PRINCÍPIOS DA ORDEM ECONÔMICA, 45
   6.1. Regulação da Atividade Econômica, 46

# Capítulo II
# O SURGIMENTO DA INTERNET E A EVOLUÇÃO DO COMÉRCIO ELETRÔNICO, 49

7. DIGRESSÃO HISTÓRICA SOBRE A INTERNET, 49
   7.1. Elementos que Integram a Internet, 53
   7.2. Adequação do Direito à Tecnologia, 55
   7.3. O Surgimento da Internet no Brasil, 56

8. COMÉRCIO ELETRÔNICO, 57
   8.1. Evolução, 58
   8.2. Definição, 59
   8.3. Classificação, 60

9. CONTRATOS ELETRÔNICOS, 62
   9.1. Definição e Características, 62
   9.2. Princípios Inerentes ao Comércio Eletrônico, 64

9.3. Formação dos Contratos Eletrônicos, 65
9.3.1. Proposta, **65**
9.3.2. Contratação Entre Presentes e Ausentes, **66**
9.3.3. Lugar da Contratação, **68**
9.4. Formas de Pagamento Eletrônico, 69
9.4.1. Dinheiro Eletrônico, **70**
9.4.2. Transferência Eletrônica de Fundos, **72**
9.4.3. Pagamento Mediante Emprego de Cartão de Crédito, **72**

10. CELEBRAÇÃO DOS CONTRATOS ELETRÔNICOS DE CONSUMO, 73
    10.1. Contrato de Adesão Via Internet, 73
    10.2. Classificação, 74
    10.2.1. Contratos *Clickwrap*, 75
    10.2.2. Contratos Informáticos, 75
    10.2.2.1. Contratos de *Hardware*, 75
    10.2.2.2. Contratos de *Software*, 76
    10.3. O Código de Defesa do Consumidor e os Contratos Nacionais, 77
    10.4. O Código de Defesa do Consumidor e os Contratos Internacionais, 78

11. DOCUMENTO ELETRÔNICO, 80
    11.1. Requisitos de Validade dos Documentos em Geral, 82
    11.2. Segurança, 82
    11.3. Segurança dos Documentos Eletrônicos, 83
    11.4. Sistema de Segurança Criptográfico, 83
    11.4.1. Surgimento e Utilização da Criptografia, **84**
    11.4.1.1. Criptografia Simétrica, **86**
    11.4.1.2. Criptografia Assimétrica, **87**
    11.5. Assinatura Eletrônica e Autoridades Certificadoras, 88

**Capítulo III**
**APLICAÇÃO DO CÓDIGO DE DEFESA DO CONSUMIDOR AO COMÉRCIO ELETRÔNICO, 91**

12. O COMÉRCIO ELETRÔNICO NAS RELAÇÕES DE CONSUMO, 91
    12.1. Formas de Oferta Virtual, 92
    12.1.1. Varejo Eletrônico, 93
    12.2. Vantagens, 93

13. OS DESAFIOS NEGATIVOS DO COMÉRCIO ELETRÔNICO, 94
    13.1. Oferta e Vinculação, 97
    13.2. Práticas Comerciais Abusivas, 98
    13.2.1. Publicidade na Internet, 101
    13.2.2. *Spams*, 102
    13.3. Direito de Arrependimento, 103
    13.3.1. Despesas Decorrentes do Direito de Arrependimento, 107
    13.3.2. A Importância do Serviço de Atendimento ao Cliente, 110

14. A VULNERABILIDADE NO COMÉRCIO ELETRÔNICO, 111
    14.1. Assimetrias entre Fornecedores e Consumidores, 112

15. O PRINCÍPIO DA BOA-FÉ NO COMÉRCIO ELETRÔNICO, 113

16. O PRINCÍPIO DA CONFIANÇA, 116
    16.1. Fases da Confiança nos Negócios Virtuais, 117
    16.2. Segurança na Internet, 120
    16.3. Importância da Segurança na Confiança, 121
    16.4. Confiança Decorrente da Informação, 124

17. A PRIVACIDADE DO CONSUMIDOR NA INTERNET, 125
    17.1. Valores Constitucionais do Tráfego de Informação, 127
    17.2. Os *Cookies*, 128

18. PERSPECTIVAS DO COMÉRCIO ELETRÔNICO, 128
    18.1. Números e Tendências do Comércio Eletrônico, 129
    18.2. Educação para o Consumo Virtual, 130
    18.3. Precauções nas Contratações, 131
    18.4. Projetos de Lei Sobre Comércio Eletrônico, 133

## ALGUMAS CONCLUSÕES, 137

## ANEXO, 141

**Projeto de Lei nº 4.906, de 2001 (PLS nº 672, de 1999), 141**

**Substitutivo ao Projeto de Lei nº 4.906, de 2001 (PLS nº 672, de 1999), 145**

## REFERÊNCIAS BIBLIOGRÁFICAS, 163

**Textos em Meio Eletrônico, 165**

**Periódicos, 166**

**Trabalhos Acadêmicos, 166**

***Websites* Consultados, 166**

# Introdução

**O desenvolvimento da tecnologia**, ao longo das décadas, fez surgir o que chamamos de "Era Digital". Com o uso crescente e cotidiano da informática, as pessoas inseriram verdadeiros conceitos tecnológicos em suas rotinas, antes tradicionais e humanizadas.

Problemas inéditos surgem com a mudança radical do agir, do pensar e do socializar com demais indivíduos. O contato humano foi suprido pelo uso da máquina – seja na produção, industrialização ou comercialização de produtos. Fomos condicionados, então, a processar e consumir informações como autômatos.

O Direito, como ciência dinâmica e de aplicação direta sobre seres humanos, está sendo repensado. Segurança jurídica e liberdade de ação são conceitos que, antes tão sólidos e eficazes, foram colocados "em xeque" por novas formas de relações sociais.

Vivemos na sociedade da informação. Fomos apresentados a uma linguagem tecnológica que, em pouquíssimo tempo, dominou a semântica mundial. Falamos estrangeirismos que, muitas vezes, sequer sabemos o que significam ou de onde vieram. Apenas existem e fazem parte da nossa vida e daqueles que nos cercam.

Não há como negar a influência da informática na ciência do Direito, em especial no Direito Contratual e do Consumidor, este último, foco do presente estudo.

A harmonia e a segurança nas relações de consumo, objetivos clamados por toda sociedade organizada, se veem diante de um obstáculo inédito: a proteção do consumidor, pessoa humana e naturalmente frágil, diante de máquinas programadas para ofertar e vender produtos e serviços, gerando lucro para quem as programa; máquinas estas que, sequer, têm estado de consciência.

O desafio enfrentado no século XXI pelos estudiosos do Direito é o de manter a paz social, garantir o cumprimento dos contratos e respeito a direitos, o que é dificultado perante uma sociedade que clama por informação, impulsionada por tecnologia e consumo.

Mais uma vez cumpre ao Estado intervir na autonomia da vontade, regulando mercados e restaurando forças; e à sociedade, por sua vez, representada por fornecedores e consumidores, cumprir seu papel fundamental, que é o de agir conforme a ética, a justiça e a moral.

Na sociedade atual, que ousamos chamar de sociedade da informação, obrigações são firmadas, executadas e resolvidas aos milhares, diariamente. A novidade não reside nas relações entre as pessoas, não reside no "que" contratam, mas em "como" contratam.

Com o avanço tecnológico, a invasão da rede mundial nos domicílios das pessoas tornou-se realidade fática. A aliança entre tecnologia e consumo tornou-se inexorável, de modo que a produção e o consumo em massa não tardaram a utilizar técnicas de propaganda e *marketing*, cada dia mais agressivas.

Da mesma maneira que a tecnologia evoluiu para a melhoria das relações sociais, admite-se que a evolução negativa cresceu em igual proporção. Chamamos de evolução negativa o surgimento de tecnologias e indivíduos que utilizam máquinas para praticar atos ilícitos, deturpar e furtar informações.

O conceito de confiança nas relações jurídicas sofreu, e ainda sofre, mundialmente. É aí que enquadramos a atuação direta e efetiva do Direito, pois uma de suas funções reside na proteção de expectativas legítimas.

A confiança deriva de fundamentos e ações como acreditar, estar certo, ser fiel, e, também, de ações e expressões ligadas à Boa-fé.[1] É valor ligado ao fiel cumprimento da obrigação, em torno do qual giram expectativas de conduta espelhadas na lealdade, transparência e informação.

No momento da contratação, legítimas expectativas são depositadas na outra parte. Se não forem ligadas pelo frágil liame da confiança, as partes simplesmente não contraem obrigações e negócios jurídicos não são firmados.

Temos que, se a contratação com base na confiança já é tão delicada, confiar em uma pessoa que sequer conhecemos torna-se muito mais difícil, quiçá quando o meio utilizado depende do perfeito funcionamento de fios e cabos de conexão. Como manter liames de confiança quando questionada a Boa-fé da outra parte contratante? Como acreditar que os dados informados trafegarão com segurança no caminho digital que percorrerão e, ainda, se chegarem à outra parte intactos, como saber que não serão utilizados indevidamente?

Todas estas questões são suscitadas pelas pessoas antes de contratar eletronicamente, principalmente em relações de consumo, quando, na esmagadora maioria das vezes, uma parte detém imensa gama tecnológica, em detrimento da outra.

Acreditamos que os contratos por meio eletrônico, dentro em pouco, irão dominar o mercado em geral, inclusive o de consumo. Ao passo que a Internet domina cada canto do globo, mais e mais pessoas se conectam

---

[1] Nesse sentido Cláudia Lima Marques. **Confiança no Comércio Eletrônico e a Proteção do Consumidor**. São Paulo: Revista dos Tribunais, 2004, p. 32: "*Vertrauen* em alemão significa confiar (*trauen*), estar certo, firme (*sicher sein, fest*), esperar (*hoffen*), acreditar (*glauben*), ser fiel (*treu*), e está na fonte das expressões *bona fides* e *Treu und Glauben* (ou Boa-fé em Direito alemão)."

e passam a integrar promissor mercado de consumo. Empresas que não têm *site* na Internet são consideradas ultrapassadas e, de certa forma, perdem credibilidade no mercado.

Mas o consumidor ainda não encontra segurança ao realizar uma compra pela Internet. Grande parte dos consumidores, quando supera o medo e informa dados pessoais para uma compra, ainda opta pelo pagamento bancário. Isto porque, se informar números de documento e endereço já parece perigoso, imagine fornecer números de cartão de crédito e senhas bancárias?

Não obstante, este receio de contratar pela Internet é bastante justificável, eis que, não raro, temos notícias de quadrilhas e *hacker*s que destroem sistemas, transferem valores monetários e avariam equipamentos.

O que fazer, então, para conquistar a confiança do consumidor, para aumentar o tráfego comercial no mercado de consumo e alavancar as contratações na sociedade de informação? Cabe, em um primeiro plano, analisar os principais problemas relacionados à falta de confiança na era digital.

Buscando as origens da denominada crise de confiança nas contratações, iniciamos com o princípio geral da Boa-fé objetiva, pois acreditamos que confiança e expectativa na era digital encontram íntima relação com a origem da Boa-fé, sendo este o principal norte das relações informáticas entre pessoas.

Na primeira parte desta obra adentraremos o estudo da Boa-fé objetiva – iremos estudar sua origem, evolução e funções, inclusive com a inserção no modelo legislativo atual, aberto e composto de cláusulas gerais. Para tanto, iremos explicar o que significa sistema legislativo aberto e qual a importância das cláusulas gerais na evolução do Direito.

Em um segundo momento, estudaremos a origem da era digital, o que ocorreu com o surgimento da Internet e a popularização da tecnologia. Tecnologia esta que, aliada ao mercado capitalista, fez surgir a figura do comércio eletrônico como hoje conhecemos.

Contudo, não há como falar em comércio sem contrato, já que a aquisição de produtos e serviços depende, exclusivamente, da conclusão de um negócio jurídico, *in casu*, contrato de compra, venda e prestação de serviços. Portanto, dedicaremos capítulo a um breve estudo da teoria geral dos contratos, em especial quanto ao momento e às novas formas de conclusão do negócio.

Com a mesma importância conferida à validade e vinculação dos contratos, teceremos considerações acerca da formação e validade dos documentos eletrônicos, já que a força probatória e vinculante destes está relacionada, diretamente, à estabilidade nas contratações. É imprescindível, portanto, o estudo da segurança nas relações comerciais digitais, assim como das ações estatais e particulares, pois destas deriva a evolução do comércio eletrônico.

A confiança, fenômeno que induz à estabilidade nas relações, aqui é tema crucial, eis que se trata de fator determinante para realização e consecução do contrato. Destarte, segurança tecnológica e Boa-fé são aliadas na conquista do consumidor, porquanto são fatores fundamentais na escolha e consecução do contrato.

Ao final pretendemos traçar um estudo sobre Boa-fé e confiança nos contratos de consumo (B2C), destacando os óbices modernos, os principais fatores de desconfiança dos consumidores e problemas relacionados aos fornecedores. Analisaremos, outrossim, as tecnologias utilizadas com o intuito de conferir segurança ao tráfego de informações, assim como sua aplicabilidade e eficácia, eis que o espaço da Internet não pode ser uma terra sem lei.

# Capítulo I

## A BOA-FÉ

---

### 1. ORIGEM E EVOLUÇÃO DA BOA-FÉ OBJETIVA

Atualmente, a noção de Boa-fé objetiva é ligada a um dever de conduta. É o agir conforme princípios[2] morais e éticos de lealdade, dignidade,

---

[2] Na definição de Celso Antonio Bandeira de Melo. **Curso de Direito Administrativo.** São Paulo: Malheiros, 2005, p. 882. "(...) é, por definição, mandamento nuclear de um sistema, verdadeiro alicerce dele, disposição fundamental que se irradia sobre diferentes normas compondo-lhes o espírito e servindo de critério para sua exata compreensão e inteligência, exatamente por definir a lógica e a racionalidade do sistema normativo, no que lhe confere a tônica e lhe dá sentido harmônico. É o conhecimento dos princípios que preside a intelecção das diferentes partes componentes do todo unitário que há por nome sistema jurídico positivo. Violar um princípio é muito mais grave que transgredir uma norma qualquer. A desatenção ao princípio implica ofensa não apenas a um específico mandamento obrigatório

cooperação e retidão. Tornou-se princípio fundamental e regra de interpretação hermenêutica. No Direito moderno rege, primordialmente, as relações entre civis e garante a equânime consecução contratual, sendo fator fundamental, em especial, nas relações de consumo.

O princípio da Boa-fé remonta suas origens no Direito Romano, surgindo em conjunto com os fundamentos do Direito e noção de justiça. Passemos a estudar a sua origem.

## 1.1. Origem no Direito Romano e a Boa-fé Canônica

A noção de Boa-fé tem origem no Direito Romano, registrando a Lei das Doze Tábuas forte influência neste princípio de interpretação do Direito.

Historiadores a ligam diretamente à construção da própria Roma[3], pois com a criação das relações de clientela, tratou-se da relação de indivíduos juridicamente desiguais, a qual estabelecia direitos e deveres mútuos. Enquanto o patrão (*paterfamilias*) devia a seus clientes (*gens, gentilium*) assistência e socorro, os defendia perante a justiça e concedia-lhes terra para plantio e sustento, estes lhes deviam, em contrapartida, abnegação e respeito. Ficavam devedores permanentes do patrão, cumprindo deveres que incluíam, dentre outros, o de segui-lo na guerra, pagar seu resgate em caso de cativeiro, suas multas, se condenado e dotar a sua filha, se necessário. A inobservância destas regras de conduta era punida severamente, inclusive com a pena de morte.[4]

Portanto, pode-se afirmar que a noção de Boa-fé Romana está ligada ao conteúdo implícito das contratações, conduta proveniente do princípio

---

mas a todo o sistema de comandos. É a mais grave forma de ilegalidade ou inconstitucionalidade, conforme o escalão do princípio atingido, porque representa insurgência contra todo o sistema, subversão de seus valores fundamentais, contumélia irremissível a seu arcabouço lógico e corrosão de estrutura mestra".

3 Paollo Frezza. Fides bona, *in* Studi sulla buona fede, p. 3, *apud* Judith Martins-Costa. **A Boa-fé no Direito privado: sistema e tópica no processo obrigacional**. São Paulo: Revista dos Tribunais, 1999, p. 111.

4 *Idem, ibidem*, p. 112.

do formalismo que imperava nas relações negociais romanas atenuada pela aplicação do princípio da Boa-fé, no qual as ações nele praticadas permitiam ao Juiz melhor adequação da Lei e menos rigor formal.[5]

Já a Boa-fé canônica ligava aquele princípio Romano, de justa consecução contratual, à qualidade dos valores que integraram o contrato. A Boa-fé, portanto, não era ligada apenas à aplicação da lei ao contrato, e sim à maneira de evitar que o pecado fosse incorporado à consecução daquele.

No Direito Canônico a mentira constituía verdadeiro pecado. Ao assumir uma obrigação, o indivíduo era obrigado a cumprir a promessa, sob pena de, não o fazendo, incorrer em pecado e sofrer sanções morais e religiosas a ele aplicáveis.

Assim, a Boa-fé canônica corresponde à ausência do pecado[6], ligada ao estado de consciência individual.

## 1.2. A Boa-fé Objetiva no Brasil

Este dever de honestidade e lealdade na contratação já é há muito integrante do pensamento doutrinário nacional, pois data da edição das Ordenações Filipinas[7] e do Código Comercial de 1850.[8]

---

5 José Cretella Junior. **Curso de Direito Romano: o Direito Romano e o Direito Civil brasileiro**. Rio de Janeiro: Forense, 2002, p. 179.

6 Antonio Manuel da Rocha e Menezes Cordeiro. Da Boa-fé no Direito Civil. Coimbra, Coleção de teses, Almedina, 1984, p. 149, *apud* Plínio Lacerda Martins. **O abuso nas relações de consumo e o princípio da Boa-fé**. Rio de Janeiro: Forense, 2002, p. 45.

7 A primeira inserção data das Ordenações Filipinas, de 1603, no Livro I, Título LVII, § 53.

8 *"Art. 131 do Código Comercial: Sendo necessário interpretar as cláusulas do contrato, a interpretação, além das sobreditas, será regulada sobre as seguintes bases: I – a inteligência simples e adequada, que for mais conforme a Boa-fé, e ao verdadeiro espírito e natureza do contrato, deverá sempre prevalecer à rigorosa e restrita significação das palavras; (...)"*

Também em 1911, no projeto do Código Comercial organizado por Herculano Marcos Inglez de Souza, a regra interpretativa do princípio da Boa-fé já era destaque normativo.[9]

No âmbito privado do Direito Civil surgiu a figura da Boa-fé objetiva no Esboço de Teixeira de Freitas[10], no qual o jurista já figurava o instituto como elemento inerente à substância dos atos jurídicos tratados pela parte geral.

Contudo, o consagrado jurista rompeu com o Império em 1872, motivo pelo qual o projeto do Código Civil não foi adotado pelo Governo.

Em que pese o pensamento doutrinário pendente à regulamentação legal da Boa-fé objetiva, o Código Civil Brasileiro de 1916 não trouxe nenhuma norma geral de observância deste princípio.

A ausência de cláusulas gerais na redação do Código Civil Brasileiro de 1916 justifica-se porque a preocupação histórica, marcante na obra de

---

[9] *"Art. 714: As palavras do contrato devem entender-se segundo o uso do lugar em que foi celebrado o mesmo contrato e no sentido em que as costumam empregar as pessoas da profissão ou indústria a que disser respeito o ato, posto que, entendidas as palavras doutro modo, possam significar coisa diversa.*

*Art. 715: Sendo necessário interpretar as cláusulas do contrato, a interpretação, além da regra do art. antecedente, será regulada da maneira seguinte:*

*I – a inteligência, simples e adequada, que for mais conforme a Boa-fé e o verdadeiro espírito e a natureza do contrato, deverá sempre prevalecer à rigorosa e restrita significação das palavras."*

[10] Destaque para os arts.:
*"504: Haverá vício de substância nos atos jurídicos, quando seus agentes não os praticaram com intenção, ou liberdade; ou quando não os praticaram de Boa-fé.*

*505: São vícios de substância, nos termos do art. antecedente:*

*(...) 3º Por falta de Boa-fé, a simulação ou fraude.*

*517: Consiste a Boa-fé dos atos jurídicos a intenção de seus agentes relativamente a terceiros, quando procedem sem simulação ou fraude.*

*518: Reputar-se-á ter havido Boa-fé nos atos jurídicos, ou nas suas disposições, enquanto não se provar que seus agentes procederam de má-fé, isto é, como um dos vícios do art. antecedente (arts. 504 e 505, nº 3).*

*(...) Art. 1.954: Os contratos devem ser cumpridos de Boa-fé, pena de responsabilidade por faltas (arts. 844 a 847) segundo as regras do art. 881. Eles obrigam não só ao que expressamente se tiver convencionado, como a tudo que, segundo a natureza do contrato, for de lei, equidade, ou costume."*

Clovis Beviláqua, refletia segurança, certeza e clareza plena em suas cláusulas. A Boa-fé, portanto, ficou restrita às hipóteses de *ignorância escusável*, em Direito de família[11], e, ainda, em matéria de proteção possessória.[12]

Ao mais, a forma de interpretação da Boa-fé objetiva em casos específicos já se encontrava disciplinada, como nos artigos 1.443 e 1.444.[13]

Mesmo com o pensamento inovador de aplicação do princípio como moderador e orientador das relações contratuais, ainda havia grande resistência doutrinária, pois, como dito, não era clara a aplicação geral da Boa-fé objetiva em todas as contratações.

Uma lacuna interpretativa, então, teve de ser suprida. A questão que se colocava versava sobre o alcance da Boa-fé objetiva, visto que o ordenamento civil ainda carecia de cláusula geral interpretativa.

Estudiosos passaram a buscar amparo de aplicação legislativa do princípio da Boa-fé objetiva no artigo 85 do Código Civil de 1916[14] e no

---

[11] *"Art. 221: Embora anulável, ou mesmo nulo, se contraído de Boa-fé por ambos os cônjuges, o casamento, em relação a estes como aos filhos, produz todos os efeitos civis até o dia da sentença anulatória". Parágrafo único. "Se um dos cônjuges estava de Boa-fé, ao celebrar o casamento, os seus efeitos civis só a esse e ao filho aproveitarão."*

[12] *"Art. 490: É de Boa-fé a posse, se o possuidor ignora o vício, ou o obstáculo que impede a aquisição da coisa, ou do Direito possuído". Parágrafo único. "O possuidor com justo título tem por si a presunção de Boa-fé, salvo prova em contrário, ou quando a lei expressamente não admite esta presunção."*
*"Art. 491: A posse de Boa-fé perde este caráter no caso e desde o momento em que as circunstâncias façam presumir que o possuidor não ignora que possui indevidamente."*

[13] Em contratos de seguro – Art. 1.443: o segurado e o segurador são obrigados a guardar, no contrato, a estrita Boa-fé e veracidade, assim a respeito do objeto, como das circunstâncias e declarações a ele concernentes.
*"Art. 1.444: Se o segurado não fizer declarações verdadeiras e completas, omitindo circunstâncias que possam influir na aceitação da proposta ou na taxa do prêmio, perderá o Direito ao valor do seguro, e pagará o valor vencido."*

[14] *"Art. 85: Nas declarações de vontade se atenderá mais à sua intenção que ao sentido literal da linguagem."*

artigo 4º da Lei de Introdução ao Código Civil – LICC[15], oportunidade na qual passou a caracterizar norma de interpretação geral.

## 2. DEFININDO BOA-FÉ

A Boa-fé traz implícitas condutas éticas e morais como lealdade e fidelidade. O princípio da Boa-fé objetiva trouxe aqueles deveres de honestidade romano e canônico ao Direito Contratual, tornando-o um *standard*, um parâmetro objetivo de conduta.

Nas palavras do Ilustre professor Péricles Asbahr[16], a Boa-fé, assim como institutos da equidade, má-fé ou justa causa, é um conceito jurídico indeterminado, de conteúdo incerto. Para que o Juiz preencha este conceito, deverá utilizar-se da hermenêutica, pesquisando valores e argumentos para compor os modelos de decisão. O magistrado não inova a regra, apenas aplica juízos de valor no preenchimento desta.

### 2.1. A Boa-fé Objetiva e a Boa-fé Subjetiva

Mister distinguir a Boa-fé objetiva da subjetiva, que é intrínseca ao estado psicológico da pessoa. Tragamos à baila a diferenciação clara e objetiva da renomada jurista Judith Hofmeister Martins Costa[17], na qual comenta sobre a inserção deste novo paradigma nas relações privadas:

> *A expressão 'Boa-fé subjetiva' denota 'estado de consciência' ou 'convencimento individual de obrar (a*

---

15 *"Art. 4º da LICC: Quando a lei for omissa, o juiz decidirá o caso de acordo com a analogia, os costumes e os princípios gerais de Direito."*

16 Péricles Asbahr. **O Princípio da Boa-fé nas Relações de Consumo**. 2003, p. 95. Monografia (Especialização em Direito do Consumidor) – Centro de Pesquisa e Pós-graduação – CPPG UniFMU, São Paulo.

17 Cf. O Direito privado como "um sistema em construção": as cláusulas gerais no Projeto do Código Civil Brasileiro. Art. publicado na **Revista da Faculdade de Direito da UFRGS**, nº 15. Porto Alegre: UFRGS/Síntese, 1998, p. 129. Disponível em http://www1.jus.com.br/doutrina/texto.asp?id=513.

> *parte) em conformidade ao Direito (sendo) aplicável, em regra, ao campo dos direitos reais, especialmente em matéria possessória.' Diz-se 'subjetiva' justamente porque, para sua aplicação, deve o intérprete considerar a intenção do sujeito da relação jurídica, o seu estado psicológico ou última convicção* (sic).
>
> *Já por 'Boa-fé objetiva' se quer significar* (sic) *modelo de conduta social, arquétipo ou* standard *jurídico segundo o qual 'cada pessoa deve ajustar sua conduta a esse arquétipo, obrando como obraria um homem reto: com honestidade, lealdade e probidade.*

Conclui-se, portanto, que à Boa-fé subjetiva interessa o estado psicológico do agente, fala-se sobre o estado de conhecimento intrínseco da pessoa que contrata, sendo necessário analisar as características internas que fizeram a parte agir de maneira específica.

Pela teoria da Boa-fé subjetiva, sem avaliação do estado psicológico do indivíduo não há como mensurar sua conduta.

A Boa-fé objetiva, pois, é regrada pelo que a sociedade espera do agente. A conduta do indivíduo deve observar deveres de lealdade, honestidade e retidão. Deve agir, primordialmente, espelhado na conduta que se espera da outra parte contratante.

Extremamente difícil definir a aplicabilidade da Boa-fé objetiva, pois irá depender de fatores ligados ao caso concreto. A valoração irá depender das circunstâncias que permeiam o caso *sub judice*.

Destarte, em que pese estar submetida às regras de cunho moral, a aplicação da Boa-fé objetiva possui caráter rigidamente jurídico. A juridicidade analisada depende de submissão dos fatos à estrutura jurídica que disciplina a relação, é o que denominamos de sistema jurídico aberto, o qual será estudado adiante.

## 3. APLICABILIDADE DA BOA-FÉ OBJETIVA

No atual Direito Brasileiro, a inserção da Boa-fé objetiva contou com dois importantes e definitivos marcos legislativos. O primeiro foi o advento da Constituição Federal de 1988, na qual a ideia de função social do contrato foi claramente delineada. Passou a ser fundamento da República, inserido no artigo 1º, IV.[18]

Nesse sentido a lição de Antonio Junqueira de Azevedo:[19]

> *A ideia de 'função social do contrato' está claramente determinada pela Constituição, ao fixar, como um dos fundamentos da República, 'o valor social da livre iniciativa' (art. 1º, IV), essa disposição impõe, ao jurista, a proibição de ver o contrato como um átomo, algo que somente interessa às partes, desvinculando de tudo o mais. O contrato, qualquer contrato, tem importância para toda a sociedade e essa asserção, por força da Constituição, faz parte, hoje, do ordenamento positivo brasileiro – de resto, o art. 170, caput, da Constituição da República, de novo, salienta o valor geral, para a ordem econômica da livre iniciativa* (sic).

---

[18] *"Art. 1º: A República Federativa do Brasil, formada pela união indissolúvel dos Estados e Municípios e do Distrito Federal, constitui-se um Estado democrático de Direito e tem como fundamentos:*
*(...)*
*IV – os valores sociais do trabalho e da livre-iniciativa;"*

[19] Antonio Junqueira de Azevedo. A Boa-fé na Formação dos Contratos *in* **Revista de Direito do Consumidor**, 3:78-87, São Paulo: Revista dos Tribunais, 1992, *apud* Judith Hofmeister Martins Costa. O Direito privado como "um sistema em construção": as cláusulas gerais no Projeto do Código Civil Brasileiro. Art. publicado na Revista da Faculdade de Direito da UFRGS, nº 15. Porto Alegre: UFRGS/Síntese, 1998, p. 129.

O legislador constituinte deixou clara sua intenção ao conferir especial proteção ao contrato, pois dele derivam as relações entre particulares e sua satisfatória consecução colaborará com a almejada paz social.

Outro dispositivo legal, fundamental e definitivo, de inserção da Boa-fé objetiva nas contratações foi trazido pela Lei 8078, de 11 de setembro de 1990 – Código de Defesa do Consumidor.

Seguindo os preceitos constitucionais axiológicos e uniformizadores da Constituição Federal, o Código de Defesa do Consumidor prestigiou o princípio da Boa-fé objetiva em dois artigos, não só disciplinando aplicação prática específica, como também aplicação em todo o contexto normativo. Sobre a aplicação específica no Código de Defesa do Consumidor estudaremos adiante.

### 3.1. Sistema Legislativo Aberto

O tipo de sistematização do Direito, até então, visava ao enquadramento de todas as hipóteses passíveis de disciplina, com um sistema de cláusulas fechadas, aparentemente harmônicas e autossuficientes.

Referido sistema, contudo, permitia a violação de direitos, principalmente de elaboração de contratos e condutas que, embora não infringisse nenhum dever legal, trazia injustiça e feria o direito alheio. No sistema até então vigente, quando a conduta não se enquadrava na culpa aquiliana e nem no descumprimento contratual, o agente permanecia impune, embora os atos praticados carecessem de equidade.

Formas de criação legislativa que antes se mostravam eficazes tornar-se-iam inócuas, pois as relações jurídicas modernas clamam por adaptações legislativas constantemente. Como lembra Judith Martins Costa[20], hoje vivemos em um *mundo da insegurança*, porque as normas codificadas tornaram-se múltiplas e vultuosas, com impossibilidade de manter a integridade lógica do sistema na sociedade em que vivemos.

---

20 Judith Martins Costa. **A Boa-fé no Direito Privado: sistema e tópica no processo obrigacional**. São Paulo: Revista dos Tribunais, 1999, p. 172.

A relação pré-contratual também carece de disciplina, contudo, impossível prever todas as possíveis ações e discipliná-las de antemão. Um sistema legislativo aberto, outrossim, proporcionaria aplicação da norma de maneira mais ampla e aberta à interpretação, sem que houvesse necessidade absoluta de subsunção do fato àquela.

Assim bem leciona Judith Martins Costa: [21]

> *Descobriu-se, também, que o raciocínio subsuntivo não dispensa um certo grau de criação, abalando-se, com isso, a pretensa exatidão deste método hermenêutico. A flexibilidade da própria dogmática (entendida na tradicional oposição à ciência do Direito) e outros fatores, ainda, conduzirão à busca de um novo paradigma metodológico para o Direito. Do seu conjunto nasce a noção de sistema aberto.*

O que se nota é que, com o advento da globalização, a tecnologia proporcionou criação de mercados e contratação em velocidade antes inimaginável, o que só contribuiu com a dificuldade de atualização e precisão normativa, corroborando a necessidade de criação e aplicação do método legislativo composto de cláusulas gerais.

## 3.2. Sistema de Cláusulas Gerais

Cláusulas gerais legislativas são normas que permitem a interpretação de acordo com o caso concreto. Trazem princípios ou juízos de valor, determinando e direcionando sua aplicabilidade ao jurista.

A inserção de cláusulas gerais nos sistemas normativos abarca uma verdadeira revolução na teoria clássica das fontes do Direito. Há que se admitir que as cláusulas gerais proporcionam verdadeiro ingresso dinâmico e contínuo de valores, princípios expressos normativamente (em outra

---

[21] *Idem, ibidem*, p. 270.

seara da ciência jurídica) ou mesmo não escritos. Daí se falar que princípios de ordem ética e moral passaram a compor as normas codificadas.

Falamos de inserção contínua porque os valores são aplicados a casos concretos em cada apreciação e julgamento pelos Tribunais e Juízos singulares. Há, portanto, incensurável continuidade temporal e aperfeiçoamento dos métodos de valoração e julgamento diariamente.

A jurisprudência se firma a partir de entendimentos homogeneizados ao mesmo tempo em que está aberta a novos juízos de valor, sempre de acordo com a expectativa social, daí falar-se em dinamismo. Já no Direito Romano havia constante mudança normativa a partir do desenvolvimento social. Novos conflitos surgem, impulsionando o operador a criar novas formas de solução, sempre visando ao equilíbrio e à paz social, objetivos clamados por todas as formas de organização da sociedade.[22]

Com a inserção da Boa-fé objetiva no Direito privado buscou-se, sobretudo, flexibilizar aquele modelo jurídico, até então vasto de normas imperativas e restritas.

É a proposta de abertura e flexibilização do sistema jurídico que fez o legislador inserir cláusulas gerais de interpretação, que permitem adequação do Direito às necessidades decorrentes do progresso.[23] Desta feita, é permitido ao aplicador do Direito adequar normas existentes a situações dinâmicas, sem necessidade de constante intervenção legislativa.

Alguns princípios, após serem insertos no sistema legislativo, possibilitam a construção permanente da norma, com adaptação às necessidades cotidianas. Não obstante, à doutrina e à jurisprudência cabem direcionar a aplicação do sistema normativo, mormente nas relações de consumo, em que as formas de contratação evoluem e se modernizam constantemente, como é o caso do artigo 51 do Código de Defesa do Consumidor.[24]

---

22 Aqui vale lembrar do brocardo jurídico *ubi homo, ibi jus* (onde está o homem, aí está o Direito), e, especialmente *ubi societas, ibi jus* (onde está a sociedade, aí está o Direito).

23 Judith Martins Costa, *op. cit.*, p. 20.

24 *"Art. 51: São nulas, de pleno Direito, entre outras, as cláusulas contratuais relativas ao fornecimento de produtos e serviços que:*
*(...)*

Cabe ao aplicador do Direito definir o que a sociedade espera pela observância da Boa-fé, tarefa essencialmente hermenêutica. Neste caso, a norma traz clara orientação ao aplicador, ou seja, em caso de ofensa aos valores sociais, a cláusula deverá ser considerada nula. A questão que se coloca diz respeito, tão somente, à valoração e determinação das condutas contrárias à Boa-fé. Depois de definida a conduta e o que se esperava da parte, basta aplicar a norma, eis que a solução já é prevista pela lei. Compete ao juízo, no caso, preencher a norma com valores da época.

Neste particular, a cláusula geral de Boa-fé objetiva conduz a uma verdadeira ampliação do sistema outrora codificado. Situações não previstas na ocasião de elaboração da norma podem ser reguladas hodiernamente, com adaptação do *codex* aos valores sociais, morais, éticos, costumeiros e jurisprudenciais.

O Código de Defesa do Consumidor, em especial, destaca-se pela inserção de cláusulas gerais, como do artigo 7º (que direciona a outras fontes), do artigo 4º, IV (interpretação dos negócios de consumo) e do artigo 51.

Já em 1976 falava-se em outras formas de legislar, formas que fugiam àquela concepção tradicional de que tudo deveria estar previsto e codificado. Falava-se na possibilidade de um sistema de concepção legislativo aberto, no qual o legislador estabeleceria regras e parâmetros de aferição gerais, os quais seriam exatamente delimitados pelos aplicadores do Direito, permitindo criação de *tipos sociais* à margem dos tipos legais.[25]

A interpretação do sistema aberto não deve ser literal à expressão. Isto porque, em se tratando de um tipo de sistema aberto em sua literalidade, tratar-se-ia de um outro tipo de sistema, no qual não haveria ordem, e sim um verdadeiro *caos processual*, sem normas rígidas e bem definidas.

Criou-se, no entanto, uma forma de relativização dos sistemas denominados fechados. *In contrariu sensu* aos sistemas fechados, estes moder-

---

*IV – estabeleçam obrigações consideradas iníquas, abusivas, que coloquem o consumidor em desvantagem exagerada, ou sejam incompatíveis com a* **Boa-fé** *ou a equidade;"*

[25] Nesse sentido Clóvis do Couto e Silva. **A Obrigação como Processo**, São Paulo: José Bushatsky, 1976, p. 92, *apud* Judith Martins Costa, *op. cit.* p. 29.

nos, abertos, permitem nova sistematização daquilo que está escrito, com abertura à interpretação de acordo com os reclames sociais.

O que se vê, portanto, é o desenvolvimento de um verdadeiro estudo acerca da generalização legislativa, uma maneira relativamente nova de legislar, que preservasse a codificação tradicional, com inserção de tipos legais tradicionais, mas que proporcionasse interpretação nos moldes criados pela sociedade. É o sistema legislativo[26] aberto composto de cláusulas gerais e princípios.

## 4. FUNÇÕES DA BOA-FÉ OBJETIVA

São imputadas pela doutrina três funções essenciais[27] à Boa-fé objetiva distintas entre si, vejamos:

**1) Função de cânone hermenêutico-integrativo:**
Nesta função a Boa-fé objetiva constitui verdadeiro sistema de integração legislativo, ao passo que orienta o intérprete conforme a melhor doutrina e serve como elemento integrador de lacunas.

Aplica-se aos casos em que não há previsão contratual expressa, nem previsão legal específica aplicável ao caso *sub judice*. O juiz recorre à aplicação da Boa-fé objetiva completando lacunas da lei e julgando de acordo com princípios do ordenamento.

Nesta seara, há que se mensurar o poder decisório do juiz, que é dotado de verdadeiro *officium iudicis*[28]. No momento do julgamento, de acordo com o princípio e no preenchimento de lacunas, o juiz se comporta da mesma maneira que o legislador, fixando princípios correspondentes às obrigações no caso concreto.

---

[26] Mister diferenciar ordenamento de sistema jurídico. Enquanto o primeiro é um conjunto de normas que disciplina relações jurídicas determinadas, restritas a um espaço limitado, o segundo perfaz o elo de ligação entre o primeiro, abarcando vários campos de incidência jurídica e formando as teias de atuação do Direito.

[27] Judith Martins Costa. **A Boa-fé no Direito Privado: sistema e tópica no processo obrigacional**. São Paulo: Revista dos Tribunais, 1999, p. 427.

[28] *Idem, ibidem*, p. 432.

Exemplo deste poder de fixação de obrigações é a imposição de *deveres secundários de prestação*[29]. Estes deveres também são conhecidos como *naturalia negotii*.

Podemos citar como exemplo a obrigação decorrente do contrato de transporte, no qual não basta que o transportador leve o objeto de transporte ao local de destino, deverá agir com zelo em toda consecução contratual, principalmente em relação à segurança da pessoa ou coisa transportada. Neste caso o juiz não está legislando, mas apenas cumprindo a "obrigação de atuação estabelecida pela lei".[30]

Ainda em matéria de função interpretativa dos contratos, a Boa-fé objetiva desempenha papel exponencial quando aplicada à teoria da aparência. No campo das aparências, a Boa-fé subjetiva é elemento avaliador da intenção do agente, refere-se à valoração interna, através da condição psicológica.

Contudo, quando em tela a questão da teoria da aparência, é também aplicável a regra da Boa-fé objetiva, eis que o comportamento da parte é avaliado de acordo com o esperado na relação contratual.

Finalmente, desta interpretação hermenêutica decorre o *dever do juiz de tornar concreto o mandamento de respeito à recíproca confiança incumbente às partes contratantes*[31], visando, sobretudo, a que o contrato atinja as legítimas expectativas de todas as partes envolvidas.

Buscando dar cumprimento justo e efetivo ao contrato, muitas vezes os juízes impõem deveres às partes. Tais deveres não devem ser confun-

---

[29] Nesse sentido a decisão do Superior Tribunal de Justiça de Portugal, acórdão de 11 de janeiro de 1985, Proc. 773 – 4ª Secção, rel. Licínio Carneiro, *in* Boletim Ministério da Justiça, *apud* Judith Martins Costa, *op. cit.*, p. 432.
   *"Decidiu-se, ao apreciar litígio decorrente de contrato de seguro, que a Boa-fé não se limita ao papel de regra de flexibilização de eventual rigidez da norma contratual, possuindo, portanto, caráter marcadamente integrativo, por inserir no complexo contratual o dever de atendimento a legítimos interesses da outra parte."*

[30] Franz Wieacker, **El principio general de la buena fe**. Trad. Jose Luis de los Mozos. Madri: Civitas, 1976, p. 53, *apud* Judith Martins Costa, *op. cit.*, p. 432.

[31] Massino Bianca, La nozione di buona fede quale regola di comportamento contrattuale. **Rivista di Diritto Civile**, nº 3, 1983, p. 208, *apud* Judith Martins Costa, *op. cit.*, p. 437.

didos com a obrigação principal do contrato, nem com aquelas assessórias, já mencionadas.

Estes deveres criados e impostos às partes contratantes são denominados deveres instrumentais, não são necessariamente previstos no contrato, aliás, dificilmente estão disciplinados. Passemos a analisá-los, pois constituem mais uma função da Boa-fé objetiva.

**2) A Boa-fé e criação de deveres jurídicos**

Nas prestações decorrentes de contrato são criados deveres que complementam a relação principal, objeto do contrato. Podemos classificar estes deveres em:

**a) Deveres primários de prestação;**

É o núcleo da prestação contratual, ou seja, aquele dever principal contratado entre as partes, o qual irá definir a modalidade e o rito seguido na consecução do contrato, como, por exemplo, o dever de entrega da coisa e pagamento do preço nos contratos de compra e venda;

**b) Deveres secundários;**

Os deveres secundários são divididos em duas grandes espécies:

**b.1) Deveres secundários meramente acessórios da obrigação principal;**

São aqueles deveres que visam a assegurar o efetivo e satisfatório cumprimento da obrigação principal, no contrato de compra e venda é o dever de zelo, conservação e guarda do bem, por exemplo;

**b.2) Deveres secundários de prestação autônoma;**

Constituem verdadeiros deveres de conduta e obrigação, contudo, decorrem da ação principal. Podemos citar como exemplos o dever de indenizar (caso a prestação seja deficiente ou inexistente) e o dever de garantir a guarda e entrega da coisa. Podem ser autônomos ou mesmo coexistentes à relação principal, que originou o dever contratual.

**c) Deveres laterais, anexos ou instrumentais.**

São deveres de proceder e conduta que devem ser observados pelas partes em todas as fases da contratação. Derivam de cláusulas contratuais, dispositivos legais, ou, ainda, da imposição da Boa-fé objetiva.

Podemos exemplificar estes deveres por meio de várias condutas a serem observadas pelo agente, vejamos:

a) Deveres de cuidado, previdência e segurança. Neste aspecto compete ao contratante que detém o bem o dever de guarda, zelo e cuidado, cabendo a este o dever de cuidar para que a coisa não sofra qualquer dano, devendo ser entregue nas condições adequadas;

b) Deveres de aviso e esclarecimento. Compete à parte, na observância deste dever, manter a outra parte contratante informada de todos os riscos que poderá correr durante e em razão da contratação. É o caso de profissionais liberais que oferecem serviços que podem colocar em risco a integridade ou o patrimônio de seus clientes. Cumpre, por exemplo, ao advogado informar o melhor procedimento e estratégia a ser adotado pelo seu cliente, informando-o de maneira clara e precisa sobre as vantagens e desvantagens da ação. Em idêntica obrigação incorre o médico, que deverá alertar previamente o paciente sobre os riscos e efeitos colaterais que poderão surgir no decorrer do tratamento ou, ainda, da cirurgia.

c) Deveres de informação. De fundamental importância para a correta formação do vínculo e consecução do contrato, o dever de informação será adiante estudado, pois é essencial à caracterização e avaliação da transparência e confiança nas relações de consumo.

Os deveres secundários ou anexos só poderão ser interpretados de maneira totalitária, completa, quando o julgador visualizar a questão como um todo, quando levar em consideração o caráter de universalidade do contrato. Isto porque, quando da sua interpretação, não basta analisar as cláusulas, instrumentos e objeto pactuados, deverá visualizar todo o enredo que circulou os contratantes, a ocasião do pacto e as condições que os levaram a firmar.[32]

Resta, portanto, incensurável a criação de verdadeiros deveres de conduta, que, embora anexos à prestação principal, integram a relação contratual, e são impostos aos contratantes. Contudo, embora anexos ao dever principal, são cogentes e vigoram em todas as fases contratuais.

Os deveres anexos e a observância da conduta objetiva de Boa-fé constituem, em outro momento, limitação ao exercício de direitos. Os direitos subjetivos são intrínsecos à natureza humana, fazem parte do direito de liberdade e ação. Contudo, em situações peculiares são limitados a condições específicas, sejam elas contratuais ou legais.

Nesta seara, a aplicação do princípio da Boa-fé objetiva é forma de limitação dos direitos subjetivos.

## 5. JUSTIFICATIVAS DA BOA-FÉ CONTEMPORÂNEA NO DIREITO DO CONSUMIDOR

As formas de contratação, hodiernamente, adquiriram caráter impessoal. Após a Segunda Guerra Mundial, as partes contratantes deixaram de ter forças e interesses idênticos, o que cumulou com a produção, oferta e consumo em massa.

Antes da contratação impessoal, o fornecedor e o consumidor dispunham de forças equivalentes, ou seja, nenhuma parte se sobrepunha à outra, vez que as relações eram entre iguais.

Com o advento da contratação em massa, os contratos passaram a ser pré-redigidos, não mais existiu a fase de negociação prévia, com ajustes individuais e critérios de contratação singulares.

Considerando que o fornecedor passou a ser a parte dominante nas relações contratuais e que estas tomaram vultuosa proporção, com tipos e

---

[32] Nesse sentido art. de Vera Maria Jacob de Fradera. **O Dever de Informar do Fabricante. Revista de Direito do Consumidor**, v. 4, p. 176, *apud* Judith Martins Costa. *Op cit.*, p. 453.

formas de contratação inéditas, passou-se, então, a utilizar formulários e instrumentos de contrato pré-redigidos, nos quais o fornecedor ditava e impunha as regras que pretendia fazer valer na relação, enquanto ao consumidor, parte aderente, competia apenas aceitar aquelas condições, pré-estipuladas.

Como em relações de consumo a parte contratante necessita daquele produto ou serviço, sua situação se torna extremamente delicada, pois pode optar em contratar naqueles termos ou, apenas, não contratar.[33] A modificação de condições, acertos de regras gerais e detalhes na contratação tornaram-se impossíveis.

A situação criada pode ser resumida na unilateral e, muitas vezes, injusta oposição de cláusulas de uma parte em detrimento da outra. Como o fornecedor é quem detém todos os meios de produção e circulação de bens e serviços, ele acaba detendo, outrossim, a posição favorável na relação, impondo ao consumidor onerosidades.

Em contrapartida, o consumidor tornou-se parte vulnerável na situação, cabendo a este cumprir as condições contratuais sem questionar, pois, de acordo com o Estado Liberal, uma vez contratado as partes deveriam arcar com o ônus da aceitação.

Voltando os olhos à injusta e desproporcional utilização dos contratos, o Estado, que até então era direcionado pelo liberalismo nas relações entre particulares, passou a intervir nas relações de consumo, adotando uma política intervencionista e protetiva da parte mais frágil da relação, o consumidor.

Essa intervenção estatal ficou visível com o advento da Lei nº 8.078 de 11 de setembro de 1990, na qual o legislador colocou a figura do consumidor como parte naturalmente mais frágil na relação, conferindo a este certa vantagem legal e prevendo mecanismos de proteção comercial, administrativa e jurídica.

Surge, então, a figura do consumidor vulnerável e hipossuficiente por presunção legal.

---

[33] Vale mencionar a diferenciação entre liberdade de contratar e liberdade na contratação. Enquanto na primeira fala-se na escolha que compete ao consumidor, faculdade que assiste ao querer vincular-se, escolha de contratar ou não, na segunda fala-se na impossibilidade de modificação das cláusulas contratuais.

## 5.1. Surgimento das Salvaguardas Legais e Reconhecimento da Vulnerabilidade

O quadro social formado na sociedade de consumo fez surgir a tutela legal do consumidor. O Estado abandonou a posição individualista-liberal para assumir papel social intenso e efetivo, visando ao equilíbrio das relações contratuais.

Partindo do pressuposto de que o consumidor não dispõe de controle sobre os meios de produção e, ainda, que se submete ao poder dos titulares destes, restou evidente a sua fragilidade. Referida fragilidade é visível quando o consumidor recebe informações insuficientes, adquire produtos através de fraudes, ou, ainda, que apresentem algum vício ou defeito durante o uso.

Para que o consumidor possa contar com defesas em face de abusos da sociedade de consumo, a legislação lhe consagra alguns direitos básicos, como saúde e segurança, escolha, informação e direito de ressarcimento.

É de interesse mundial a criação de mecanismos de defesa aos consumidores, com destaque à Resolução nº 39/248, de 10 de abril de 1985, que reconheceu a vulnerabilidade do consumidor.

Após a resolução da ONU, o Brasil acrescentou à legislação a proteção do consumidor, o que, em primeiro plano, já ocorreu em matéria constitucional, com destaque ao inciso XXXII do artigo 5º da Constituição Federal.[34]

O reconhecimento efetivo e explícito da vulnerabilidade do consumidor ocorreu com o artigo 4º, inciso I da Lei nº 8078/90 – Código de Defesa do Consumidor.[35]

---

[34] *"Art. 5º, inciso XXXII: O Estado promoverá, na forma da Lei, a defesa do consumidor."*

[35] *"Art. 4º: A Política Nacional das Relações de Consumo tem por objetivo o atendimento das necessidades dos consumidores, o respeito à sua dignidade, saúde e segurança, a proteção de seus interesses econômicos, a melhoria da sua qualidade de vida, bem como a transparência e harmonia das relações de consumo, atendidos os seguintes princípios:*
*I – reconhecimento da vulnerabilidade do consumidor no mercado de consumo."*

O reconhecimento desta vulnerabilidade, sobretudo, visa a conferir igualdade nas contrações, colocando à disposição do consumidor mecanismos legais de proteção.

Referida proteção, no entanto, não busca o confronto entre as partes contratantes, apenas objetiva a efetividade das normas que regem as relações de consumo.

Mister mencionarmos que a proteção conferida, que já se fazia notar em meados do século XX, é alvo de maior destaque na sociedade atual.

Aquele consumidor, sujeito a abusos do fornecedor da era industrial, é, atualmente, ainda mais vulnerável, visto que a vulnerabilidade, em tempos de informatização, não é devida apenas ao desamparo científico, jurídico ou econômico, mas, sobretudo, tecnológico. Se antes a proteção era importante para conferir equilíbrio às partes, agora é imprescindível.

Uma das formas de conferir igualdade às partes é estabelecer princípios comuns, que devem guiar as fases de contratação, as ações das partes, os deveres de conduta e suas formas de valoração e interpretação.

Optamos por estudar, particularmente, o princípio da Boa-fé objetiva, sua origem, evolução, inserção no Direito brasileiro e aplicabilidade a modernas formas de contratação.

## 5.2. A Boa-fé no Código de Defesa do Consumidor

São inúmeros os princípios que regem a interpretação do Código de Defesa do Consumidor, dentre eles o da equidade nas contratações, o qual gera equilíbrio de direitos e deveres nos contratos, buscando, em último momento, a justiça e paz social.

Para que a proteção acima citada se tornasse efetiva, que fosse realmente aplicável aos contratos firmados, o legislador inseriu cláusulas que conferissem saídas legais ao consumidor, cláusulas que possibilitassem o resgate da equidade a contratos que não a observassem.

Um dos nortes da justiça contratual é a Boa-fé objetiva, já dissecada em caráter geral. Contudo, importante evolução deste princípio foi marcada pela inserção na Lei 8.078/90.

Sabemos que a principal fonte de desigualdade e desproporção contratual é a inserção de cláusulas que geram obrigações desproporcionais, via de regra em desfavor do consumidor. Um dos dispositivos que visam à restauração do equilíbrio contratual é o artigo 51 do Código de Defesa do Consumidor.[36]

Merece, portanto, repúdio na execução contratual cláusula que desafie o equilíbrio e justiça contratual, sendo que, quando insertas no instrumento de contratação, serão nulas de pleno direito.

Também a prática comercial deverá evitar a vantagem manifestamente excessiva.[37] Neste particular vale ressaltar que, embora a prática comercial seja protegida constitucionalmente, com ampla liberdade de atuação, encontra expressa vedação quando a vantagem auferida contrariar outro princípio da ordem econômica, qual seja, a proteção do consumidor.

Todo este aparato protetivo, destarte, busca restabelecer o equilíbrio nas relações contratuais de consumo, vedando cláusulas que possam comprometer a justa e equilibrada consecução do contrato, observando, sobretudo, a Boa-fé objetiva.

---

[36] *"Art. 51: São nulas de pleno Direito, entre outras, as cláusulas contratuais relativas ao fornecimento de produtos e serviços que: IV – estabeleçam obrigações consideradas iníquas, abusivas, que coloquem o consumidor em desvantagem exagerada, ou que sejam incompatíveis com a Boa-fé ou a equidade."*

O caráter de vantagem exagerada vem previsto no próprio **codex** citado: *"Art. 51, § 1º. Presume-se exagerada, entre outros casos, a vantagem que: I – ofende os princípios fundamentais do sistema jurídico a que pertence; II – restringe Direitos ou obrigações fundamentais inerentes à natureza do contrato, de tal modo a ameaçar o objeto ou o equilíbrio contratual; III – se mostra excessivamente onerosa para o consumidor, considerando-se a natureza e conteúdo do contrato, o interesse das partes e outras circunstâncias peculiares ao caso."*

[37] Nesse sentido o art. 39 do CDC:
*"É vedado ao fornecedor de produtos ou serviços:
V – Exigir do consumidor vantagem manifestamente excessiva".*

Para melhor entendermos a ampla proteção e vantagem legal conferida ao consumidor, é necessário analisar as características da relação de consumo.

Em um primeiro momento analisaremos a relação de consumo tradicional, suas características legais e contratuais para que, em um segundo momento, falemos da relação de consumo virtual, pactuada a partir de um contrato eletrônico, gerando o que iremos denominar negócio ou comércio eletrônico.

Sabemos que a proteção à figura do consumidor deriva-se do abuso da parte mais forte e poderosa do contrato, no qual, via de regra, é pactuado com observância dos interesses daquele que o redigiu, ou seja, do fornecedor.

Com a teoria fordista[38], a produção em massa visou, em um primeiro momento, à capitalização dos lucros e à fabricação em linhas de produção, mas sempre visando, também, ao consumo em massa.

A padronização de produtos, ofertas e contratos gerou crescente impessoalização das relações comerciais que abandonaram, finalmente, a produção manufatureira, artesanal.

Todas estas modificações dos sistemas de produção deram ensejo à sociedade de consumo, na qual a mídia, a publicidade e as formas de consumo em massa clamaram por regulação específica dos contratos, assim como formas de criação de obrigações e consecuções.

Açambarcados pelos nortes constitucionais de proteção da ordem econômica encontram-se os princípios básicos de direito e proteção

---

[38] Cf. David Harvey. **Condição Pós-moderna**. Trad. Adail Ubirajara Sobral e Maria Stela Gonçalves. São Paulo: Loyola, 1992, p. 121, *apud* Guilherme Magalhães Martins. Formação dos contratos eletrônicos de consumo via Internet. Rio de Janeiro: Forense, 2003, p. 29. A data inicial do *fordismo* remonta a 1914, ocasião na qual Henry Ford introduziu o dia de oito horas e cinco dólares como recompensa para os trabalhadores que atuavam na linha automática de montagem de carros, que ele havia estabelecido um ano antes na cidade de Deaborn, Michingan, baseado na teoria *Taylorista*, que descrevia como a produtividade do trabalho poderia ser radicalmente aumentada quando decompostas e fragmentadas cada parte do processo produtivo. Vale diferenciar o *fordismo* do *taylorismo*, No sistema de Henry Ford, produção em massa significava consumo em massa, buscava uma sociedade massificada fundada na democracia, racionalismo, modernismo e populismo.

do consumidor, oriundos da Lei 8.078/90. A pretendida harmonização decorre da Boa-fé e equilíbrio das contratações[39], corolários da proteção efetiva do consumidor.

Segundo Plínio Lacerda Martins[40], o princípio da Boa-fé é desdobramento do princípio previsto no artigo 3º, I da Constituição Federal.[41]

Conforme a lição de Maria Cecília Nunes Amarante[42]:

> *A Boa-fé – importante sublinhar – vem exigir a normatividade do dever de comportar-se com lealdade antes e durante o desenvolvimento das relações jurídicas. Se, psicologicamente, traduz o estado de espírito de quem acredita estar agindo consoante as normas de boa conduta, grita a expressão de lealdade, franqueza e honestidade, significando identidade entre o pensar, o dizer e o fazer.*

Ilustre jurista ainda prossegue:

> *Modernamente, firmando-se como valoroso princípio das relações de consumo, a Boa-fé expressa supressão de nulidades, saneamento de vícios, norteamento da conduta das partes na celebração dos contratos diretriz interpretativa dos textos legais e da vontade das partes, e, sobretudo, luz e calor que anima a doutrina, as legislações e a missão insubstituível do Juiz corrigir as grandes distorções que ocorrem na sociedade de consumo.*

---

39 Luiz Antonio Rizzatto Nunes. **Curso de Direito do Consumidor**. São Paulo: Saraiva, 2004, p. 127.

40 Plínio Lacerda Martins. **O Abuso nas Relações de Consumo e o Princípio da Boa-fé.** Rio de Janeiro: Forense, 2002, p. 113.

41 Que estabelece: "Constituem objetivos fundamentais da República Federativa do Brasil: I – construir uma sociedade livre, justa e solidária".

42 Maria Cecília Nunes Amarante, monografia apresentada na UGF, *apud* Plínio Lacerda Martins, *op. cit.*, p. 137.

A Boa-fé objetiva é princípio inserto no artigo 4º, inciso III da Lei 8078/90, retornando, ainda, como cláusula geral no artigo 51, inciso IV.

Antes da objetivação da Boa-fé no sistema consumerista, a figura que vigorava no ordenamento era a da Boa-fé subjetiva, que levava em consideração o conhecimento subjetivo, a ignorância de uma pessoa acerca de um fato modificador, impeditivo ou extintivo de seu direito. Neste tipo de contratação, levava-se em conta a subjetividade, o ânimo da contratação.

Segundo Rizzatto Nunes "pode ser definida, grosso modo, como sendo uma regra de conduta, isto é, o dever das partes de agir conforme certos parâmetros de honestidade e lealdade, a fim de se estabelecer o equilíbrio nas relações de consumo."[43]

Aqui se nota que o legislador impôs como regra um dever de conduta já esperado social e moralmente. A obrigação de cumprir deveres, de zelar pela satisfatória consecução do contrato e pelo equilíbrio da contratação, que já era dever intrínseco, passou a ser decorrente de lei.

Nesse sentido, o artigo 4º, III do Código de Defesa do Consumidor[44] consagrou o princípio da Boa-fé objetiva. Sabe-se que o legislador consumerista não inovou quando aqui dispôs sobre a Boa-fé objetiva, mas resgatou o princípio deixado de lado quando da característica privada então atribuída aos contratos.

---

[43] Luiz Antonio Rizzatto Nunes. *op. cit.*, p. 128.

[44] Assim dispõe o art. citado:
*"A Política Nacional das Relações de consumo tem por objetivo o atendimento das necessidades dos consumidores, o respeito à sua dignidade, saúde e segurança, a proteção de seus interesses econômicos, a melhoria de sua qualidade de vida, bem como a transferência e harmonia das relações de consumo, atendidos os seguintes princípios:*
*III – harmonização dos interesses dos participantes das relações de consumo e compatibilização da proteção do consumidor com a necessidade de desenvolvimento econômico e tecnológico, de modo a viabilizar os princípios nos quais se funda a ordem econômica (art. 170 da Constituição Federal), sempre com base na Boa-fé e equilíbrio nas relações entre consumidores e fornecedores;".*

Importante marco, nesse sentido, a aplicabilidade do artigo 51, inciso IV do CDC,[45] eis que a possibilidade de nulidade de cláusulas contratuais que não obedeçam o princípio da Boa-fé é fundamento primordial da proteção do consumidor, restaurando o equilíbrio na contratação.

## 6. PRINCÍPIOS DA ORDEM ECONÔMICA

O Código de Defesa do Consumidor, guiado pelos objetivos da ordem econômica constitucional, busca harmonizar as relações de consumo, notoriamente pelo disposto no inciso VI do artigo 4º.[46] A defesa do consumidor, neste passo, não pode ser encarada como instrumento de confronto entre produção e consumo.[47]

Conflitos de interesse entre fornecedores e consumidores são naturais, decorrentes de posições antagônicas na cadeia de consumo. Cabe ao Estado, entretanto, legislar sobre o tema e eliminar tais conflitos.

A Política Nacional das Relações de Consumo, além de solucionar conflitos econômicos e de consumo, deve garantir a melhoria da qualidade de vida dos consumidores, observando, primordialmente, o respeito à dignidade da pessoa humana.

---

[45] *"Art. 51, IV: são nulas de pleno Direito, entre outras, as cláusulas contratuais relativas ao fornecimento de produtos e serviços que:*
*IV – estabeleçam obrigações consideradas iníquas, abusivas, que coloquem o consumidor em desvantagem exagerada, ou sejam incompatíveis com a Boa-fé ou equidade."*

[46] *"Art. 4º: A Política Nacional das Relações de consumo tem por objetivo o atendimento das necessidades dos consumidores, o respeito à sua dignidade, saúde e segurança, a proteção de seus interesses econômicos, a melhoria da sua qualidade de vida, bem como a transparência e harmonia nas relações de consumo, atendidos os seguintes princípios:*
*(...)*
*VI – coibição e repressão eficientes de todos os abusos praticados no mercado de consumo, inclusive a concorrência desleal e utilização indevida de inventos e criações industriais das marcas e nomes comerciais e signos distintivos, que possam causar prejuízos aos consumidores."*

[47] Cf. João Batista de Almeida. **A Proteção Jurídica do Consumidor**. São Paulo: Saraiva, 2003, p. 16.

Quando comenta o princípio de harmonização da ordem econômica nas relações pela Internet, o renomado professor José Geraldo Brito Filomeno[48] ensina que está aberto um vasto recurso à disposição dos consumidores, mas, da mesma maneira que vantagens, poderá acarretar dissabores e prejuízos, eis que, não raro, o fornecedor tem seu estabelecimento ou sede em outro país.

### 6.1. Regulação da Atividade Econômica

Vários instrumentos legais foram colocados à disposição do consumidor para que a relação entre as partes, que até então eram desproporcionais, se tornasse mais justa e equilibrada.

Os referidos instrumentos de proteção contam com alguns princípios, dentre os quais podemos nomear aqueles norteadores da atividade econômica.

Princípios são nortes que direcionam qualquer atividade legal, sejam elas jurídicas, econômicas, administrativas ou sociais.

O princípio é fonte primordial do Direito, sobre ele é erguido o ordenamento constitucional e jurídico, é o alicerce da normatização. São inúmeros e devem ser interpretados de forma harmônica, ou seja, a aplicação de um não deve excluir a aplicação de outro. Devem coexistir e complementar-se, embora muitas vezes pareçam conflitantes.

No que diz respeito à ordem econômica, sobretudo, de importante destaque os princípios trazidos pelo artigo 170 da Constituição Federal[49],

---

48 **Código de Defesa do Consumidor Comentado pelos Autores do Anteprojeto**. Rio de Janeiro: Forense Universitária, 2004, p. 69.

49 Em relação à proteção constitucional das relações de consumo implicam os seguintes incisos:
"*Art. 170: A ordem econômica, fundada na valorização do trabalho humano e na livre-iniciativa, tem por fim assegurar a todos existência digna, conforme os ditames da justiça social, observados os seguintes princípios:*
*II – propriedade privada;*
*III – função social da propriedade;*
*IV – livre concorrência;*"

os quais visam assegurar à coletividade existência digna, conforme ditames da justiça social.

O desafio imposto aos operadores do Direito consiste na harmonização dos princípios constitucionais[50].

Embora de empolgante interesse, este não é o estudo do presente trabalho; restará, ao final, apurar as formas de controle estatal das relações de consumo na Internet, suas lacunas e possíveis ações para contemplar, com rigor e justiça, a proteção da figura do consumidor.

Quando falamos de relações de consumo na era digital, a aparente antinomia entre interesses privados, como a evolução das contratações por meio virtual e o direito público, ora focado nas relações de consumo, merece estudo específico.

Mais uma vez compete ao Direito enfrentar esta aparente contradição entre globalização e individualização. A adequação do Direito à Era Digital é característica marcante e determinante de nossa era. O dinamismo característico do Direito enfrenta um desafio inédito e atual: adequar as necessidades da sociedade de informação ao já consagrado Direito do Consumidor.

Na nova ordem mundial, não é possível receitar um mesmo remédio para toda a economia. No Brasil, esse desafio é ampliado porque é formado por uma sociedade que viveu muito tempo tutelada por regimes autoritários, cuja cultura jurídica ainda é marcada por este autoritarismo.[51]

---

50 Cf. F. K. Comparato. A Proteção do Consumidor na Constituição Brasileira de 1988. **Revista de Direito Mercantil**, nº 80, 1999, p. 66, *apud* Maria Eugenia Finkelstein. Aspectos jurídicos do comércio eletrônico. Porto Alegre: Síntese, 2004, p. 18. "Sabe-se que a defesa do consumidor é uma das formas de expressão da livre-iniciativa, razão pela qual só existe em países que adotam a livre-iniciativa de mercado. Os princípios referentes à livre-iniciativa não são contrários à defesa do consumidor. Ocorre apenas que esses dois princípios devem ser harmonizados."

51 Cf. Patrícia Peck. **Direito Digital**. São Paulo: Saraiva, 2002, p. 8.

# Capítulo II

## O SURGIMENTO DA INTERNET E A EVOLUÇÃO DO COMÉRCIO ELETRÔNICO

---

### 7. DIGRESSÃO HISTÓRICA SOBRE A INTERNET

Nos séculos VI e V a.C. falava-se na influência da Guerra na economia mundial. Heráclito, filósofo grego pré-socrático, que floresceu entre os séculos VI e V a.C., formulou esse pensamento numa frase lapidar: A guerra é a origem de tudo[52]. Assim, é verdade que muitas das tecnologias

---

[52] Disponível em: http://www.latinoamericana.org/2005/textos/portugues/Hoornaert2.htm. Acesso em: 11 de abril de 2005.

fantásticas desenvolvidas pelo homem tiveram como precursores fatos históricos sangrentos.

Após o término da Segunda Grande Guerra muda o panorama político e econômico internacional. As perdas materiais e humanas da Europa e do Japão rebaixam a posição das antigas potências. Os Estados Unidos surgem como superpotência, o mesmo acontecendo com a União Soviética, apesar das perdas sofridas. Surgem novas organizações internacionais, como a ONU, o Banco Mundial e o Fundo Monetário Internacional, criados em 1945. O mundo entra na era nuclear dividido em dois campos: o capitalista, liderado pelos Estados Unidos, e o comunista, sob hegemonia da União Soviética.[53]

Na busca pela hegemonia mundial tecnológica, em 1950 a União Soviética lança o *Sputnik*, primeiro satélite artificial da Terra. Em resposta, os Estados Unidos criam o *Advanced Research Projects Agency* dentro do Departamento de Defesa para estabelecer a liderança dos Estados Unidos na ciência e na tecnologia militar. Em 1961 Leonard Kleinrock escreve o primeiro artigo sobre a teoria da comutação por pacotes de dados: "*Information Flow in Large Communication Nets*", logo surgiram outros artigos que se referiram, cronologicamente, à comunicação humana *on-line* via computador, que constituíam, na verdade, Redes de comutação por pacotes de dados.

Em 1965, a *Advanced Research Projects Agency* (EUA) patrocina estudo sobre Rede cooperativa de computadores de tempo compartilhado, ainda sem comutação de dados, dando início ao projeto "*ARPANET: em direção a uma Rede cooperativa de computadores de tempo compartilhado*", desencadeando, nos anos seguintes, a formação de Redes Múltiplas e Comunicação entre computadores.

A intenção primordial dos EUA era se defender de um ataque da URSS, pois, se esta resolvesse cortar a comunicação da defesa americana, bastaria lançar uma bomba no Pentágono e esta entraria em colapso, tornando o país extremamente vulnerável a mais ataques.

---

[53] Disponível em: http://www.conhecimentosgerais.com.br/historia-geral/pos-segunda-guerra-mundial.html. Acesso em: 11 de abril de 2005.

A criação da "ARPANET" possibilitou, com um *Back Bone*[54] que passava por baixo da terra (o que o tornava mais difícil de ser interrompido), a ligação dos militares e pesquisadores sem ter um centro definido ou mesmo uma rota única para as informações, tornando-se quase indestrutível.[55]

Quando a ameaça da Guerra Fria passou, a ARPANET já não era utilizada pelo militares, o que não justificava mais mantê-la sob sua guarda. O acesso, então, foi liberado aos cientistas, para estudos e desenvolvimento. Mais tarde, o uso da Rede também foi cedido para Universidades.

A primeira conexão entre dois computadores aconteceu na Universidade da Califórnia em 1969. O advento destas Redes aumentou em ritmo acelerado; em pouco mais de dez anos, após a primeira bem-sucedida conexão, já havia 188 computadores interligados. Esta comunicação foi denominada Internet.

Sua evolução marcou uma nova era, a era da Informática. E, em incrível ápice de desenvolvimento, o número de *Hosts*[56] cresceu de 188 em 1979 a 147.344.723 em janeiro de 2002[57].

No final da década de 1970, a ARPANET tinha crescido tanto que o seu protocolo de comutação de pacotes original, chamado de *Network Control Protocol* (NCP), tornou-se inadequado. Em um sistema de comutação de pacotes, os dados a serem comunicados são divididos em pequenas partes. Essas partes são identificadas de forma a mostrar de onde vieram e para onde devem ir, assim como os cartões-postais, no sistema postal.

Os pacotes são enviados de um computador para outro até alcançarem o seu destino. Se algum deles for perdido, ele poderá ser reenviado

---

54 Cf. definição de Patrícia Peck, *op. cit.*, p. 244: Estrutura física da Internet tipo espinha dorsal com capacidade para manipular grandes volumes de informação mediante roteadores de tráfego interligados por circuitos de alta velocidade, a autoestrada da nova economia.

55 Nesse sentido Guilherme Magalhães Martins. **Formação dos Contratos Eletrônicos de Consumo via Internet**. Rio de Janeiro: Forense, 2003, p. 33.

56 Cf. definição de Patrícia Peck, *op. cit.*, p. 254: Computador principal de um sistema de computadores ou terminais conectados por enlaces de comunicação.

57 Disponível em: http://www.simonevb.com/hobbestimeline. Acesso em: 5 de junho de 2005.

pelo emissor original. Para eliminar retransmissões desnecessárias, o destinatário confirma o recebimento dos pacotes.

Depois de algumas pesquisas, a ARPANET mudou do NCP para um novo protocolo chamado TCP/IP (*Transfer Control Protocol/Internet Protocol*) desenvolvido em UNIX. A maior vantagem do TCP/IP[58] era que ele permitia (o que parecia ser na época) o crescimento praticamente ilimitado da Rede, além de ser fácil de implementar em uma variedade de plataformas diferentes (*hardwares*).

Até o final de 2009, havia mais de um bilhão de computadores permanentemente conectados à Internet, além de muitos sistemas portáteis e de *desktop* que ficavam *on-line* por apenas alguns momentos.[59]

No final dos anos oitenta e princípio da década de noventa ocorreram mais dois fatos significativos envolvendo a Internet. Um deles foi a definição do HTTP – *HyperText Transfer Protocol*, e o outro foi a criação da linguagem HTML – *HyperText Markup Language*. Estes dois elementos, um protocolo e uma linguagem, possibilitaram o surgimento do mais novo filhote da Internet: a *web*, *WWW* ou *Wide World Web*.[60]

A nova era, dentro do movimento de globalização dos blocos econômicos, e a livre utilização da Rede por pesquisadores domésticos, acelerou o processo de desenvolvimento da *Wide World Web*. O conteúdo ficou mais atraente com a possibilidade de incorporar imagens e sons. Um novo sistema de localização de arquivos criou um ambiente em que cada informação tem um endereço único e pode ser encontrada por qualquer usuário da Rede.

---

[58] Guilherme Magalhães Martins. **Formação dos Contratos Eletrônicos de Consumo via Internet.** Rio de Janeiro: Forense, 2003, p. 34.

[59] Cf. Com Score Inc. Disponível em: http://www.comscore.com. Acesso em: 04 de maio de 2010.
Do total de 1.007.730 internautas no mundo, a região Ásia-Pacífico conta com a maior parcela (41% do total mundial), seguida pela Europa com 28% de participação. Os internautas da América do Norte, em terceiro, representam 18% da população conectada no mundo e a América Latina tem 7% de participação. Por fim, a região do Oriente Médio e da África conta com 5% de participação na base global de internautas.

[60] Nesse sentido, Marcelo Cardoso Pereira. **Direito à Intimidade na Internet**. Curitiba: Juruá, 2005, p. 43.

Em síntese, a Internet é um conjunto de Redes de computadores interligadas, que têm em comum um conjunto de protocolos e serviços, de maneira que os usuários conectados possam usufruir serviços de informação e comunicação de alcance mundial.

## 7.1. Elementos que Integram a Internet

Os computadores que integram esta imensa Rede Digital, interligados entre si, podem ser classificados de duas formas:[61] "servidores" que são computadores ligados a centros de pesquisa, instituições diversas e grandes empresas; "nódulos", que são grandes módulos interligados de caráter militar ou científico e, por fim, os computadores dos usuários, que são voltados, basicamente, ao recebimento de todas as informações disponibilizadas na Rede.

Mesmo com uma única Rede de comunicações, lotada das mais diversas informações e conteúdos, existem várias maneiras de trocar as informações que nela trafegam – é o que denominamos métodos de comunicação. Segundo Valérie Sedáillan, citado por Guilherme Magalhães Martins,[62] podemos dividir referidos métodos em quatro grupos ou categorias, ressalte-se, de maneira não exaustiva, que são:

a) *E-mail*, que se resume em mensagem enviada através da Rede, muito semelhante à postagem tradicional, cujo remetente e receptor devem possuir uma caixa de correio eletrônico, que o individualiza na Internet. O e-mail possui signos alfabéticos divididos em duas partes, uma contém a identificação do destinatário e remetente, enquanto a outra traduz a mensagem efetivamente enviada.

b) *Newsgroups,* que são as discussões públicas em que um número indeterminado de pessoas terá acesso a mensagens particulares

---

[61] Aqui preferimos a classificação de Guilherme Magalhães Martins, *op. cit.*, p. 41.
[62] Guilherme Magalhães Martins, *op. cit.*, p. 41.

deixadas por um usuário do grupo. Normalmente é destinado a discussões em geral.

c) **Serviços de informação**, nos quais o objetivo principal é a troca de conteúdo diverso entre computadores à distância.

Este último subdivide-se em:
c.1) **Protocolos FTP** *(File Transfer Protocol)*, que proporcionam o acesso do conteúdo de um computador por outro ligado à Rede,
c.2) *World Wide Web*, que é o serviço mais conhecido do grande público, é neste espaço que são disponibilizados os arquivos em linguagem HTML, os quais podem ser em forma de texto, imagens e som, disponibilizados através de hipertextos.[63]

É através da *WWW* que as informações são divulgadas, ampla e mundialmente, possibilitando que cada usuário conectado à Rede possa ter acesso ao conteúdo de caráter universal, o que justifica a criação, ampliação e divulgação do idealizado, quando da ARPANET.

d) **Comunicação em tempo real**, que é disponibilizado através de programas que viabilizam o diálogo em tempo simultâneo, denominado IRC (*Internet Relay Chat*). Neste tipo de comunicação, os usuários div*idem*-se em salas, normalmente segmentadas por assuntos de interesse, nas quais a comunicação poderá ser privada – destinada a apenas um usuário daquela – ou pública, dirigida a todos aqueles que estiverem conectados e integrarem a sala.

Aqui merece importante destaque a telefonia através da Rede, na qual os interlocutores, desde que dotados de equipamentos físicos (*hardware*) e *software* adequados, podem comunicar-se em tempo real, com custos

---

[63] Hipertexto é o padrão da informação disponibilizada na *Web*, permite o acesso dos usuários a diversos tipos de informação, cuja pesquisa efetiva-se através de palavras-chave e referências denominados *links*.

menores do que aqueles tarifados na comunicação por meio telefônico, tradicional, é o denominado voz sobre IP, ou VoIP.[64]

Também o acesso à Rede pode ser classificado de duas maneiras:
a) **Acesso por maneira direta**. O acesso pode ser por meio de servidor próprio (*Internet Service Provider*). O referido servidor pode ser de propriedade do usuário ou este último pode fazer parte de uma Rede interligada à Internet, sendo que, nestes dois casos, a conexão será idêntica.

b) **Acesso indireto**. Neste caso, o usuário primeiro se conecta a um provedor, e, por meio deste, terá acesso à Internet. Normalmente o provedor disponibiliza conteúdo complementar àquele da *Web*, como correio eletrônico, serviços, salas de Chat e grupos de discussão.

## 7.2. Adequação do Direito à Tecnologia

A Ciência do Direito desenvolve-se e aperfeiçoa-se através da evolução social e da necessidade de novas regulamentações. Com a era da informática não é diferente. Comparada à revolução industrial, a sociedade informatizada clama por nova regulamentação legislativa, e problemas nunca antes imaginados surgem diariamente.

Cotidianamente, a sociedade se vê afrontada por litígios e problemas ligados ao uso massificado da informática. Dentre as principais áreas do Direito afetadas, podemos citar a Penal (aparecimento de crimes cometidos pela Internet, virtuais), Tributária (conflito e discussão sobre incidência tributária também não está pacificada pelos nossos Tribunais), Civil

---

[64] Sobre este sistema de comunicação importante matéria divulgada em 15.07.2005 na **B2B Magazine**, informando que a ISS (*Internet Security Sistems*) oferece soluções de segurança para falhas que a companhia descobriu na tecnologia oferecida pela Cisco. Estas falhas foram descobertas recentemente e dizem respeito a invasões praticadas em razão de uma vulnerabilidade no equipamento, invasões estas que podem rastrear chamadas, com redirecionamento e espionagem das ligações. Disponível em: www.b2bmagazine.com.br. Acesso em: 16 de julho de 2005.

(as relações entre particulares foi diretamente afetada pela informática) e, em especial, o Direito do Consumidor (pelos conflitos de interesses e novas formas de contratação), cujo tema será objeto do nosso estudo.

### 7.3. O Surgimento da Internet no Brasil

A disseminação da Internet no Brasil ocorreu na primeira metade da década de 1990. No primeiro momento foi restrita a instituições de ensino e entidades governamentais, com a RNP (Rede Nacional de Pesquisa), uma operação acadêmica subordinada ao MCT (Ministério de Ciência e Tecnologia).

A FAPESP (Fundação de Amparo à Pesquisa no Estado de São Paulo), órgão ligado à Secretaria Estadual de Ciência e Tecnologia, buscou o acesso à Rede nos Estados Unidos. A ideia era estabelecer uma Rede para fins acadêmicos, de forma que pesquisadores pudessem compartilhar dados com instituições de outros países.

O intercâmbio de informações funcionava por meio da retirada de arquivos e correio eletrônico. Nesta linha coexistiam outras Redes, como a *Hepnet*, *Decnet*, *Usenet* e finalmente a própria Internet. A própria FAPESP ficou responsável pelos domínios ".br" e pelos *IPs* no Brasil.

Em 1991 foi criada a conexão entre Rio de Janeiro e São Paulo. Neste mesmo período, através de uma linha internacional conectada à FAPESP, o acesso à Internet foi liberado para instituições educacionais, fundações de pesquisa e órgãos governamentais.

O Brasil, então, passou a participar de fóruns internacionais e trocar arquivos e *softwares* com outros países. Um ano mais tarde, em 1992, o IBASE (Instituto Brasileiro de Análises Sociais e Econômicas) firmou convênio com a APC (Associação para o Progresso das Comunicações) e liberou a Internet também para as Organizações Não Governamentais.

Em 1995, os Ministérios das Comunicações e da Ciência e Tecnologia publicaram uma portaria conjunta criando a figura do provedor de acesso privado e liberando a operação comercial da Internet no Brasil. Com a abertura ao setor privado da Internet para exploração comercial da população, o número de computadores brasileiros ligados à Rede aumentou de forma extraordinária, coincidindo com a fase de grande crescimento da *web* no mundo. Segundo o PNAD 2003 (IBGE), 11,4% dos domicílios brasileiros tinham um computador com acesso à Internet em 2003. Este percentual correspondia a um total de sete milhões de domicílios, ou 19,3 milhões de pessoas.[65]

Com a facilidade de acesso à Rede Mundial de Telecomunicações, não demorou muito para que esta se tornasse a Rede Mundial de Consumo. Informes divulgados pelo Comitê Gestor da Internet revelam que o Brasil possui quase 400 mil endereços com o final *".com.br"*. As instituições de ensino somam 1.835 registros *(".edu.br"* ou *".br"*). No total, o Brasil possui 1.988.321 endereços com o final ".*br*", o que garante ao País a décima posição no *ranking* mundial de *hosts* (domínios), ficando atrás apenas dos Estados Unidos (113.574.290), Japão (8.713.920), Canadá (3.129.884), Austrália (2.496.683) e alguns países europeus.[66]

Com o desenvolvimento crescente das relações comerciais e sociais pela Internet, a linguagem universal foi dominada por *bytes*.[67] A linguagem mundial foi tomada por expressões informáticas.

Atualmente as relações sociais, de trabalho e, inclusive, afetivas, se formam através do contato de pessoas por meio de cabos e fibras óticas. Os laços são, muitas vezes, iniciados virtualmente, quando não mantidos assim de forma perene.

## 8. COMÉRCIO ELETRÔNICO

Com a facilidade de acesso ao uso da Internet, o comércio tradicional passou a utilizar meios tecnológicos. Diminuição de custos e cele-

---

[65] Informações obtidas no *site*: http://www.teleco.com.br/Internet.asp. Acesso em: 11 de julho de 2005.

[66] Informações disponíveis no *site*: http://www.educaRede.org.br/educa/Internet_e_cia/historia.cfm. Acesso em: 11 de julho de 2005.

[67] *Byte* é a unidade comum de armazenamento de informação em computadores. Chamado de átomo da informática, cada unidade é composta por 8 *bits*, podendo representar até 256 símbolos diferentes, como letras e números.

ridade foram fatores decisivos na concretização dos negócios jurídicos pela Internet.

## 8.1. Evolução

O grande passo rumo ao comércio eletrônico fora dado em 1980, quando a NSF (*US National Science Foundation*) cancelou a proibição imposta às companhias de usar a Internet para tráfego comercial. Neste mesmo ano a Universidade de Minnesota lançou o sistema Gopher no mercado. Seu objetivo principal era a busca e a recuperação distribuída de documentos e serviços na Internet. Mais tarde, Tim Berners-Lee produziu o primeiro código de hipertexto que definia e criava a *World Wide Web*.

A Fundação da Netscape, em 1993, dava início ao desenvolvimento do *web browser*, tecnologia essencial para as comunidades começarem a conectar-se diretamente à Internet. Já em 1994 criou-se a primeira floricultura a aceitar encomendas via Internet e a cadeia Pizza Hut começa a oferecer o serviço de pedidos de pizza em seu *website*. Em 1999, 150 países eram conectados à Internet. O número de usuários aproximava-se de 15 milhões. Compras *on-line* com segurança tornam-se uma possibilidade real.[68]

Na última década, as empresas passaram por um processo de adaptação contínuo, em resposta às novas tecnologias disponíveis. As organizações que sobreviveram à transição estabeleceram com sucesso uma "mudança" na cultura da empresa, principalmente na inovação e na flexibilidade com que operam.

Esse processo não é fácil e envolve reduções de custos, achatamento da hierarquia média da administração e racionalização dos interesses da empresa.

Com os administradores estabelecendo alvos cada vez mais agressivos para responder aos novos desafios do mercado, muitos processos criados nas décadas de 1970 e 1980 se tornaram obsoletos.

---

[68] Cf. http://www.Direitobrasil.adv.br/art.s/art.10.pdf. Acesso em: 12 de julho de 2005.

As empresas estão mudando suas formas de trabalho e os processos resultantes, mais avançados, adquiriram maior dependência da tecnologia da Informação (TI). O crescimento da comunicação eletrônica dentro das empresas, por exemplo, ocorreu desde a chegada do computador pessoal, no início dos anos 80. As tecnologias usadas foram impulsionadas ainda mais pela disponibilidade de serviços de mensagem de terceiros e maior desenvolvimento da Rede local, ou *LAN (Local Área Network)*.

As comunicações eletrônicas de negócios apresentam-se sob muitas formas e se tornaram uma moldura essencial para conduzir negócios, tanto dentro das organizações, por meio de suas diferentes funções, quanto fora delas. Essas "comunicações eletrônicas de negócios" tornaram-se conhecidas pelo nome de comércio eletrônico. Essa tendência de comercializar eletronicamente emergiu primeiro no setor de serviços financeiros e hoje se tornou uma maneira comum de conduzir negócios em vários outros tipos de empresas.

Nem todo mundo sabe, mas o comércio eletrônico já exerce papel importante em nosso dia a dia: "do uso dos caixas automáticos, que executam transações, a uma série de computadores conectados, localizados em lugar geográfico específico".

Quando introduzidas pela primeira vez, essas ferramentas foram consideradas revolucionárias. Essas tecnologias de comunicações e informações tornaram possível que empresas e consumidores fizessem inúmeras transações comerciais eletronicamente. Esse crescimento explosivo de informação, Redes de comunicação e tecnologia criou um mundo digital sem fronteiras, no qual mercadorias e serviços podem ser trocados em qualquer parte do globo, quase instantaneamente. Quase todo computador vendido já vem com acesso à Internet, o que explica o número de pessoas que utilizam a *Web* e seu crescimento em velocidade tão astronômica.

## 8.2. Definição

Muitos autores buscaram definir esse novo fenômeno. Hoje não existe uma definição propriamente dita, mas compilações de diversos significados e interpretações. Porém, uma coisa está perfeitamente clara: o comércio eletrônico significa muito mais do que comprar e vender mercadorias e serviços pela Internet.

Ricardo Lorenzetti[69] define comércio eletrônico como todas as atividades que tenham por fim o intercâmbio, por meios eletrônicos, de bens físicos e bens digitais ou imateriais, gerando relações jurídicas diversas.

Para Cláudia Lima Marques[70] é o comércio "clássico" de atos negociais entre empresários e clientes para vender produtos e serviços, agora realizado através de contratações a distância, conduzidas por meios eletrônicos (*e-mail*, mensagens de texto, etc.), por Internet (*on-line*) ou por meios de telecomunicações de massa (telefones fixos, televisão a cabo, telefones celulares, etc.).

Observando a própria denominação "Comércio", pode-se mensurar que este ramo é regulado pelo Direito Comercial. Inegável, porém, que dentre as transações comerciais existe a comercialização entre o fornecedor e o consumidor final, daí o legítimo interesse de regulação pelo Direito do Consumidor, por haver relação de consumo.

## 8.3. Classificação

Quando se trata de comércio pela Internet, existem duas principais vertentes de relações comerciais. São o B2B e B2C.[71]

O comércio eletrônico é a aplicação de tecnologias de comunicação e informação compartilhadas entre as empresas – B2B, e entre empresas e consumidores – B2C, procurando atingir seus objetivos. Podemos assim

---

69 Ricardo L. Lorenzetti. **Comércio Eletrônico**. Trad. de Fabiano Menke. São Paulo: Revista dos Tribunais, 2004, p. 286.

70 Cláudia Lima Marques. **Contratos no Código de Defesa do Consumidor**. São Paulo: Revista dos Tribunais, 2004, p. 98.

71 Existem outras siglas, não estudadas no presente trabalho, que designam as relações comerciais através da Internet, são elas: C2C (*consumer-to-consumer*), C2B (*consumer-to-business*), G2G (*government-to-government*), G2B (*government-to-business*), B2G (*business-to-government*), G2C (*government-to-consumer*), C2G (*consumer-to-government*).

dizer que existem duas modalidades de comércio eletrônico, o primeiro é o chamado B2C, *Business to Consumer*, o tradicional negócio entre um comerciante e o consumidor final. O outro é o chamado B2B, ou *Business to Business*, ou comércio entre empresas, nos quais estas utilizam a Internet como uma ferramenta para aumentar sua produtividade e formam a grande alavanca da *Web* no mundo dos negócios.[72]

Denominamos B2B as relações comerciais realizadas entre empresas, quando a comercialização ocorre entre fornecedores, produtores, fabricantes, comerciantes e importadores. Ou seja, não há a figura do consumidor final. Em regra, as mercadorias adquiridas são insumos e suprimentos para empresas e atividades comerciais.

No mundo dos negócios, podemos encontrar diferentes tipos de comércio eletrônico que se combinam e interagem,[73] os quais podemos classificar como:

- **Serviços de comunicação interpessoal**, métodos para organizações ou indivíduos, com interesses comuns, trocarem informações, discutirem ideias e cooperarem entre si.

- **Empresas virtuais** – acordos em que empresas associadas, fisicamente separadas, na geografia e na especialização, conseguem integrar-se em atividades complexas como se fossem uma única empresa.

- **Serviços de compra *on-line*** – essa forma de comércio eletrônico é a mais conhecida e o que vem à mente quando se fala em "comércio eletrônico". É o método pelo qual os clientes procuram e compram mercadorias ou serviços por meio das Redes eletrônicas – aqui estamos diante do B2C.

---

[72] Cf. http://www.neofito.com.br/art.s/art03/eletronico_pdf009_neofito.pdf. Acesso em: 14 de julho de 2005.

[73] Cf. http://www.Direitobrasil.adv.br/art.s/art.10.pdf. Acesso em: 12 de julho de 2005.

O B2C engloba a figura do consumidor final, [74] é a relação entre consumidor e fornecedor.[75] Nesta seara, toda conclusão aplicável às contratações tradicionais é, outrossim, aplicável ao comércio por meio eletrônico.

A forma de consumo eletrônico mais conhecida e utilizada mundialmente consiste na oferta de produtos e serviços, colocados à disposição através da Internet. É o que denominamos varejo eletrônico, que deu ensejo ao vultuoso consumo através da Rede.

## 9. CONTRATOS ELETRÔNICOS

Após estudarmos as características intrínsecas do comércio eletrônico, passemos a analisar as características do contrato eletrônico – eis que o comércio é formado, primordialmente, pela convergência de vontade e pelo vínculo oriundo da contratação.

O contrato eletrônico é diferenciado do tradicional apenas pelo meio empregado em sua celebração, motivo pelo qual a ele são aplicadas as mesmas regras aplicáveis aos contratos celebrados por meio físico.

### 9.1. Definição e Características

Nos contratos celebrados por meio eletrônico, a declaração de vontade será expressa através de meios de transferência de dados digitais. São os *hardwares* e *softwares* que irão expressar a vontade daqueles que o operam e o programaram, de modo que a declaração de vontade será imputada ao sujeito cujo interesse pertence àquele equipamento.

Os problemas surgem quando a intenção das partes não corresponde à expressada por *bytes*, ou quando o sujeito alega que sequer contratou.

---

[74] Consumidor, à luz do art. 2º da Lei 8.078/90, é toda pessoa física ou jurídica que adquire produtos ou serviços como destinatário final.

[75] Mister mencionar que no presente trabalho não adentraremos as discussões sobre conceitos aplicáveis à pessoa do consumidor, sobre a qual versam as teorias finalista e maximalista. Apenas lembraremos o fato de que a pessoa jurídica, pela maioria dos doutrinadores, pode ser considerada consumidora, mas desde que utilize produtos e/ou serviços como destinatária final.

Nada obsta, contudo, que as partes convencionem o modo pelo qual o negócio jurídico será conduzido e concluído.

Existem duas formas de manifestar a vontade de contratar pela via eletrônica:[76]

1) Navegar pelo *site* da empresa, clicar e, imediatamente, verificar as opções;
2) Abrir um invólucro (no caso simbólico, podendo ser um programa de computação).

No contrato eletrônico podemos citar as seguintes peculiaridades:
1) Meio eletrônico de expressão do consentimento;
2) Pode ser utilizado para produzir prova do contrato escrito, que é um documento eletrônico.

Considerando que o contrato eletrônico é um acordo de vontades que utiliza um meio eletrônico de manifestação, na maioria das vezes consiste na aceitação de uma oferta pública, disponibilizada via Internet, ou, ainda, de uma oferta enviada a um destinatário certo, via correio eletrônico. Ambas devem conter os requisitos mínimos de individualização do produto e características do contrato, como descrição do bem, preço e condições de pagamento e entrega.

É a aceitação que aperfeiçoa a contratação entre as partes, obrigando-as ao cumprimento do acordado.

Não existe no Brasil, ainda, lei específica que regulamente o contrato eletrônico, o que não configura óbice para sua validade, eis que, de igual maneira, não há qualquer menção legal que impeça seu reconhecimento.

---

[76] Cf. Maria Eugenia Finkelstein. **Aspectos Jurídicos do Comércio Eletrônico**. Porto Alegre: Síntese, 2004, p. 188.

## 9.2. Princípios Inerentes ao Comércio Eletrônico

Princípios e formas de interpretação peculiares são aplicáveis à forma eletrônica do contrato, orientando a interpretação e contratação, conforme Finkelstein[77], são os seguintes:

1) **Identificação.** Requisito necessário para que as partes contratantes saibam com quem estão contraindo uma obrigação, o que irá validar o contrato e obrigar as partes. Nesta seara, a tecnologia de criptografia e assinatura digital são imprescindíveis.

2) **Autenticação.** Princípio que prescinde de Autoridade Certificadora, com concordância das partes contratantes, a qual irá conferir segurança e validade aos contratos.

3) **Impedimento de rejeição.** Para que as partes não venham a negar a celebração do acordo é necessário que pactuem formas de validá-lo, sempre em observância aos institutos de defesa do hipossuficiente.

4) **Verificação.** A prova deverá ser preservada. Os meios e passos da contratação devem ser armazenados para verificação futura, impedindo abusos, negativas de validade e modificação unilateral das condições contratuais.

5) **Privacidade.** A privacidade é garantia constitucional e deve ser preservada em todo momento. Com a contratação eletrônica não é diferente, ela deve preservar a privacidade das partes contratantes.

---

[77] *Idem, ibidem*, p. 192.

## 9.3. Formação dos Contratos Eletrônicos

São a proposta e a aceitação que irão concluir o contrato e obrigar as partes à aceitação. Como nos contratos tradicionais, vontade, proposta e aceitação[78] são características e fases essenciais na contratação.

Analisemos as fases essenciais da contratação, quais sejam: a proposta e aceitação.

### 9.3.1. Proposta

A proposta é a manifestação da intenção de contratar do agente, dirigida de uma pessoa à outra. Deve conter todos os elementos essenciais à formação do negócio jurídico. É obrigatória e proíbe o proponente de revogar o conteúdo desta, por um tempo determinado. Enquanto o prazo para resposta perdurar, a proposta deve ser mantida.

Se não houver prazo nem resposta, a proposta poderá ser retirada, desde que não tenha havido renúncia ou revogação.[79]

Na definição de Washington de Barros Monteiro[80], a proposta "é o momento inicial da formação do contrato; é o ato pelo qual uma das partes solicita a manifestação de vontade da outra".

Trazendo tradicionais conceitos à proposta moderna, virtual, a proposta por meio eletrônico de conversação imediata é, de igual maneira, irretratável. Podemos citar como exemplos a contratação *on-line* e por *chat*.

---

78 O art. 7º do Projeto de lei nº 1.589/1999 prevê uma confirmação ou resposta automática para que o consumidor possa estar ciente de que sua aceitação chegou ao destino, dispondo:
   *"Os sistemas eletrônicos do ofertante deverão transmitir uma resposta automática, transcrevendo a mensagem transmitida anteriormente pelo destinatário, e confirmando seu recebimento."*
79 Cf. Maria Eugenia Finkelstein, *op. cit.*, p. 201.
80 Washington de Barros Monteiro. **Curso de Direito Civil**. São Paulo: Saraiva, 1998, p. 14 *apud* Maria Eugenia Finkelstein, *op. cit.*, p. 201.

A oferta pode ser para pessoa determinada ou indeterminada. Será determinada quando enviada a destinatário específico, neste caso pode-se classificar o *spam*.

Nos termos do artigo 428 do Código Civil, a proposta só deixará de ser obrigatória:

1) Se feita sem prazo a uma pessoa presente, e não for imediatamente aceita;
2) Se, feita a uma pessoa ausente, tiver decorrido tempo suficiente para a resposta chegar ao conhecimento do proponente;
3) Se, antes dela, ou simultaneamente, chegar ao conhecimento da outra parte a retratação do proponente.

Todos os pontos acima mencionados são aplicáveis à contratação eletrônica, já que é instrumento idêntico ao tradicional. Questão ainda discutível a esse respeito versa sobre a forma de contratação, se seria entre presentes ou entre ausentes.

### 9.3.2. Contratação Entre Presentes e Ausentes

A contratação eletrônica pode ser simultânea. Podem as partes trocar informações em tempo real, podendo, inclusive, verem-se reciprocamente através de equipamentos de comunicação instantânea à distância (*webcams*).

Entendemos que a contratação por meios instantâneos pode ser considerada, portanto, entre presentes, já que a proposta e aceitação são simultâneas.[81]

---

[81] Cf art. 428, I do Código Civil:
*"Deixa de ser obrigatória a proposta: I – se, feita a prazo à pessoa presente, não foi imediatamente aceita. Considera-se também presente a pessoa que contrata por telefone ou meio de comunicação semelhante;"*

Maria Eugenia Finkelstein[82] menciona o entendimento de Renato Opice Blum, o qual utiliza o contido no artigo 113 do Código Civil Brasileiro para reforçar o entendimento de que os negócios jurídicos eletrônicos realizados por meio de ICQ, *Chats*, *Netmeeting* e *clicks* são considerados como se a pessoa estivesse presente, fisicamente. Contudo, referida autora discorda em relação à característica de presença física dos contratos por *clicks*, vez que não compartilha da simultaneidade das operações.

Entendemos que os contratos característicos de simultaneidade podem ser interpretados como entre presentes, embasados, sobretudo, no artigo 428 do Código Civil, porquanto o legislador deixou clara a intenção em diferenciar o contrato eletrônico daquele realizado por telefone. Mencione-se que "meio de comunicação semelhante" à telefonia é, sem sombra de dúvidas, atualmente a Internet.

No entanto, ainda que realizada pela Internet, quando a proposta é deixada ao livre acesso no *site*, não podemos falar em imediatismo, eis que as partes contratantes (ofertante e aceitante) não estão trocando informações e negociando no mesmo momento, não há reciprocidade mútua e imediata.

Destarte, a opinião que compartilhamos, de que a contratação instantânea pela Internet deve ser interpretada como meio de contratação instantânea, não é unânime, existem consideráveis opiniões em contrário, dentre elas mencionemos a posição de Maristela Basso[83], que entende

---

82 Entrevista concedida à Revista Consultor Jurídico de 9 de janeiro de 2003 em art. intitulado Tempos modernos, *apud* Maria Eugenia Finkelstein. **Aspectos jurídicos do comércio eletrônico**. Porto Alegre: Síntese, 2004, p. 205.

83 Maristella Basso. **Contratos Internacionais do Comércio**. Porto Alegre: Livraria do Advogado, 1998, p. 93. *apud* Finkelstein, p. 207: "No que se refere às contratações via telex, telefax ou correio eletrônico, a prudência recomenda que os consideremos concluídos do mesmo modo que os tradicionais contratos por correspondência, ainda que naqueles estejamos contratando simultaneamente. Além do fato de que, na prática, os problemas que se podem enfrentar em uma ou outra categoria se assemelham muito, sustentamos esse ponto de vista porque não seria adequado estender a ficção entre presentes, aplicada às contratações por via telefônica, aos demais meios eletrônicos, porque, naquelas, o oblato não tem dúvida de que o proponente recebeu a aceitação, pois o escuta, sente sua respiração, enquanto que nestas, para que o contrato se conclua, é preciso que a aceitação chegue ao aparelho receptor do destinatário, formando-se, por conseguinte, o contrato, no

que a regra de contratação entre presentes não é aplicável aos negócios realizados por meio de *chats*, pela fragilidade do meio de comunicação. Ademais, mesmo meios de comunicação tradicionais, como telefone e fax, são sujeitos a falhas operacionais e de segurança na comunicação e, nem por isso, a regra deixa de ser aplicável.

### 9.3.3. Lugar da Contratação

Aspecto diferenciador e determinante na interpretação dos contratos eletrônicos é o local de formação e conclusão destes, já que não podemos falar em espaço territorial físico.

A tendência doutrinária, ao que nos parece, é de considerar a Internet como meio de contratação, pois, se a considerássemos como local de formação, teríamos que admitir que todo e qualquer contrato seria realizado entre presentes.

É imprescindível, para interpretação dos contratos realizados pela Internet, determinarmos o local exato de sua formação, já que será fator determinante de aplicação legislativa.

Muitas vezes o contratante que aceita a proposta pela Internet sequer sabe a localização física do ofertante, primordialmente em relações de consumo, em que o consumidor, figura vulnerável por excelência, contrata com um fornecedor que, além de não conhecer, não sabe onde se localiza.

Nos termos do artigo 435 do Código Civil, [84] o contrato será celebrado no local em que foi proposto.

A lei modelo da UNCITRAL[85] trata da questão e determina que o local de conclusão do contrato é aquele em que o destinatário tem a sede principal, independentemente do local de instalação do sistema informático.

---

momento e no lugar em que é possível ao proponente tomar conhecimento da aceitação. Se, no trajeto, a mensagem for interrompida, ou por qualquer outro motivo não chegar ao terminal do destinatário, o contrato não se formará".

[84] *"Art. 435: Reputar-se-á celebrado o contrato no lugar em que foi proposto."*

[85] *"Art. 15: Prazo e local de despacho e recebimento de mensagens eletrônicas. (1) A menos que exista outro modo acordado entre remetente e destinatário, o envio de uma mensagem eletrônica ocorre quando esta entra*

Não obstante, em matérias que envolvam relações de consumo, objeto do presente estudo, qualquer ação que verse sobre responsabilidade civil do fornecedor poderá ser proposta no domicílio do consumidor,[86] o que não enseja maior aprofundamento.

### 9.4. Formas de Pagamento Eletrônico

Empresas especializadas têm investido na tecnologia para criar formas mais seguras e eficientes de pagamento nas transações. Fator este que, indiscutivelmente, interfere na segurança e confiança das partes, eis que, na maioria das vezes, o consumidor não confia na segurança empregada na compra pela Internet.

Modernamente, tem se falado em cartões de dinheiro eletrônico, que limitam o aproveitamento por terceiros. Ressalte-se, a fraude é consideravelmente diminuída, mas o risco de "clonagem"[87] ainda persiste.

---

*em um sistema de informação externo fora de controle do remetente ou da pessoa que enviou a mensagem eletrônica em nome do remetente. (2) A menos que exista outro modo acordado entre o remetente e o destinatário, o prazo de recepção de uma mensagem eletrônica é determinado como se segue: se o destinatário tiver designado um sistema de informação para o propósito do recebimento das mensagens eletrônicas, o recebimento ocorre (i) no momento em que a mensagem eletrônica entra no sistema de informação designado; ou (ii) se a mensagem eletrônica é enviada para um sistema de informação do destinatário que não é um sistema de informação designado, no momento em que a mensagem eletrônica é recuperada pelo destinatário. Se o destinatário não tiver designado um sistema de informação, o recebimento ocorre quando a mensagem eletrônica entra no sistema de informação do destinatário."*

86 É o que versa o art. 101 da Lei 8.078/90:
   *"Na ação de responsabilidade civil do fornecedor de produtos e serviços, sem prejuízo do disposto no capítulo I e II deste título, serão observadas as seguintes normas: I – a ação pode ser proposta no domicílio do autor; (...)."*

87 Denominação utilizada para uma forma de cópia de dados que trafegam digitalmente.

Podemos citar como meios de pagamento eletrônico os cartões de crédito tradicionais, depósito em conta-corrente, boleto bancário, *e-money*,[88] *smart cards*[89] e autorização de débito em conta bancária *on-line*.

Normalmente, nas compras via Internet, o pagamento é realizado com cartão de crédito, mas grande parte dos consumidores opta por formas de pagamento mais seguras,[90] como pagamento em dinheiro, através da emissão de boletos bancários e faturas.

Aqui vale mencionar que a compra será efetivada e o produto, entregue apenas após a confirmação do pagamento. A forma de pagamento que nos parece tendência das contratações pela Internet é efetivada através do chamado dinheiro eletrônico.

### 9.4.1. Dinheiro Eletrônico

Inovando as formas de pagamento já consagradas pela Internet, que são o próprio papel-moeda tradicional, cartões de crédito e cheques de viagem, a figura do dinheiro eletrônico surgiu como forma de solução e indução dos níveis de confiança do consumidor.

Na definição de Finkelstein[91], o dinheiro eletrônico é uma forma digital de papel-moeda e se diferencia da transferência eletrônica de fundos, pois esta tranferência bancária necessita de interferência de terceiros na relação (via de regra um banco) e o dinheiro eletrônico não carece de qualquer autorização ou participação de pessoa ou entidade.

Também se diferencia de cartões tradicionais de débito ou crédito porque, para que estes operem, é imprescindível a existência de conta bancária e acordo entre bancos e empresas.

---

[88] Dinheiro eletrônico (tradução livre).

[89] Cartões inteligentes (tradução livre).

[90] Isto porque dados pessoais financeiros, como número de conta bancária, senhas e cartão de crédito não trafegam pela Internet.

[91] Maria Eugenia Finkelstein. **Aspectos Jurídicos do Comércio Eletrônico**. Porto Alegre: Síntese, 2004, p. 219.

O valor monetário correspondente ao dinheiro eletrônico fica gravado em uma tarjeta inteligente de programas de informática. Podem ser de dois tipos:

a) **De uso único** – só pode existir um receptor do pagamento, que é o mesmo que emite a tarjeta ou emite o programa informático (cartões telefônicos, fotocópias);

b) **De uso múltiplo** – existem receptores de pagamento distintos, não é necessariamente o mesmo que emitiu a tarjeta ou cedeu o programa informático.

Ambos os sistemas caracterizam-se por serem pré-pagos, ou seja, dependem de pagamento antecipado.

Acreditamos que a forma de pagamento por dinheiro eletrônico substituirá as formas de pagamento tradicionais, equiparando-se ao volume de vendas atuais com cartão de crédito.

Basta que a tecnologia seja aplicada aos grandes mercados de consumo, que locais de "recarga" de créditos e leitores para pagamento sejam instalados e utilizados para que haja popularização do meio.

O Banco de Pagamento Internacional (BIS) estabeleceu, em 1997, quatro princípios que devem nortear o dinheiro eletrônico, que são a transparência, a integridade financeira, a segurança técnica e a vulnerabilidade à atividade criminal.[92]

Maria Helena Diniz, ao estudar a viabilidade do pagamento por meio eletrônico, menciona a aplicabilidade no Direito Brasileiro:[93]

---

[92] Marc Bachetta e outros. Electronic Commerce and the Role of the WTO – Special Studies 2. World Trade Organization, 1999, p. 41, *apud* Inez Lopes Matos Carneiro de Farias. **A proteção do consumidor internacional no comércio internacional eletrônico**. Dissertação de mestrado da USP. São Paulo, 2002. p. 144.

[93] Cf. enunciado publicado na Revista de Direito do Consumidor, v. 45, p. 304, *apud* Cláudia Lima Marques. **Confiança no comércio eletrônico e a proteção do consumidor: um estudo dos negócios jurídicos de consumo no comércio eletrônico**. São Paulo: Revista dos Tribunais, 2004, p. 194.

*O Código Civil de 2002 nada menciona sobre o pagamento por forma eletrônica, mas suas normas podem encontrar aplicação analógica para o validar. Neste sentido, o Enunciado nº 18 do Congresso sobre Direito Civil do Superior Tribunal de Justiça sugere a seguinte interpretação do artigo 319 do novo Código: Art. 319. A 'quitação regular' referida no artigo 319 do novo Código Civil engloba a quitação dada por meios eletrônicos ou por quaisquer formas de 'comunicação a distância', assim entendida aquela que permite ajustar negócios jurídicos e praticar atos jurídicos sem a presença corpórea ou simultânea das partes ou de seus representantes.*

O desenvolvimento de dinheiro eletrônico no Brasil começou em 1996, baseado na forma de cartão. O Banco Central tem estudado uma política em relação à sua aplicabilidade, mas ainda não há qualquer questão definitiva sobre o assunto.

### 9.4.2. Transferência Eletrônica de Fundos

É uma maneira de transferir valores monetários de uma conta bancária para outra, sem necessidade de remoção física do dinheiro. Define-se como transação que substitui a natureza documental pela tecnologia eletrônica.[94]

### 9.4.3. Pagamento Mediante Emprego de Cartão de Crédito

Atualmente é uma das formas mais utilizadas de pagamento, a qual substitui, principalmente, o papel moeda e o cheque. Trata-se de cartão magnético que autoriza a transferência eletrônica de valores.

---

[94] Nesse sentido, Maria Eugenia Finkelstein. *Op. cit.*, p. 221.

Os pagamentos com cartão de crédito, que já eram consagrados no comércio tradicional, foram utilizados na compra por telefone e, atualmente, pela Internet. O consumidor informa na Rede o número de seu cartão e os números-chave.

O problema essencial deste tipo de pagamento é, mais uma vez, a segurança dos dados que trafegam na Rede, principalmente na transmissão entre usuário, servidor e fornecedor. Destarte, fornecedores como Visa, Mastercard, IBM e Microsoft desenvolveram protocolos de segurança cada vez mais eficazes na criptografia destes dados, quais sejam o STT e SER.[95]

A vantagem da compra com cartão de crédito é facilitar o Direito de arrependimento e recebimento de valores pagos aos fornecedores, assim como o recebimento no caso de fraudes realizadas por terceiros. Em ambas as situações a devolução ocorre com estorno de valores pela operadora.

## 10. CELEBRAÇÃO DOS CONTRATOS ELETRÔNICOS DE CONSUMO

Todas as vantagens da contratação pela Internet, como redução drástica de custos, facilidade na obtenção de diversos tipos de bens, conforto na aquisição e diminuição do tempo de escolha, são, igualmente, aplicáveis aos contratos eletrônicos de consumo, o que fez aumentar, sobremaneira, a incidência do consumo por meio virtual.

Vejamos como se concretizam e quais as implicações práticas desta recente modalidade de contratação.

### 10.1. Contrato de Adesão Via Internet

As regras sobre consentimento e formação dos contratos eletrônicos, quando aplicadas a contratos de consumo, não podem ser generalizadas e devem ser analisadas à luz do Direito do Consumidor, eis que as partes se relacionam, via de regra, sob condições de adesão, sobre a base da aparência e confiança, sem vontade consensual ou explícita.

---

[95] Cf. Cláudia Lima Marques. *Op. cit.*, p. 190.

Da mesma maneira que nos contratos tradicionais, as cláusulas abusivas estão presentes em imensa gama de contratos eletrônicos e devem ser, de igual forma, coibidas e nulas.

Aqui, mais uma vez, deve o abuso praticado pelo fornecedor ser atribuído à contratação em massa, pela via da adesão, a qual almeja ofertas em grande volume e lucros cada vez maiores, em detrimento da parte mais fraca da relação.

Contratos de adesão, nesse sentido, são aqueles que têm seu conteúdo pré-constituído por uma das partes, na definição de Orlando Gomes, [96] o contrato de adesão se caracteriza na medida em que uma das partes tem de aceitar, em bloco, as cláusulas estabelecidas pela outra, aderindo a uma situação contratual que se encontra definida em todos os seus termos.

O consentimento manifesta-se como simples adesão a conteúdo preestabelecido da relação jurídica.

O fato de os contratos pela Internet já se caracterizarem pela distância e ausência de informações pessoais entre as partes é agravado pelo fato de que, na imensa maioria das vezes, configura contrato de adesão.

Portanto, merece especial destaque esta forma de negócio jurídico, que conta com regras de validade e eficácia específicas, a serem observadas pelas partes contratantes.

## 10.2. Classificação

Mister diferenciarmos os tipos de contratos de consumo por adesão. São características comuns, no entanto, a publicação do teor do contrato no *site* e a possibilidade de aceitar o conteúdo contratual com um simples *click*, vinculando as partes à consecução satisfatória.

---

[96] Orlando Gomes. Contratos. Transformações Gerais do Direito das Obrigações. São Paulo: Revista dos Tribunais, 1980, p. 109, *apud* Guilherme Magalhães Martins. **Formação dos contratos eletrônicos de consumo via Internet**. Rio de Janeiro: Forense, 2003, p. 134.

## 10.2.1. Contratos *Clickwrap*

São contratos de adesão escritos e publicados em um *site*, nos quais o *internauta*[97] expressa a aceitação de seus termos apenas por um *click*. A principal função destes contratos é demonstrar que o usuário conhece as regras de uso do *site*, principalmente as isenções de responsabilidade do fornecedor (*disclaimers*).[98]

## 10.2.2. Contratos Informáticos

São contratos típicos do uso da informática, de objeto puramente informático, ou seja, visam à aquisição de *softwares*, *hardwares* ou serviços a eles pertinentes.

A forma de contratação pode ser eletrônica ou tradicional.

### 10.2.2.1. Contratos de *Hardware*

Os contratos de *hardware* têm por objeto a totalidade dos dispositivos e elementos mecânicos, magnéticos, elétricos e eletrônicos de uma instalação ou uma Rede de processamento de dados.[99]

Pode ser concretizado mediante contrato de compra e venda, arrendamento mercantil e *leasing*.

No contrato de compra e venda o vendedor não está desobrigado a prestar informações, entregar a coisa, oferecer garantia, indenizar as patentes utilizadas, disponibilizar peças para reposição; ou seja, aquelas obrigações inerentes aos contratos de compra e venda tradicionais também são exigidas neste tipo de contrato, mas com algumas peculiaridades.

---

[97] Diz-se da pessoa que navega pela Internet.

[98] Declaração aberta disponível em *website* de Internet, que traz termos com responsabilidades e obrigações cuja leitura e continuação com a operação pressupõe aceitação das condições declaradas. Nesse sentido, Patrícia Peck. **Direito Digital**. São Paulo: Saraiva, 2002, p. 249.

[99] Conforme Maria Cecília de Andrade Santos. **Contratos informáticos – Estudo**. Disponível em http://www.teiajuridica.com.br. Acesso em: 02 de abril de 2005.

Exemplo da característica particular é a entrega, pois não basta a mera tradição do bem; são necessários testes de aceitação para aferir o grau de exigência conferido ao equipamento entregue. Neste tipo de contrato são normais as seguintes cláusulas:[100] 1) o comprador tem pleno domínio do *hardware* e pode, portanto, aliená-lo; 2) o funcionamento do equipamento é garantido por um período razoável; 3) há a adaptabilidade do *hardware* ao *software* especificado no contrato.

### 10.2.2.2. Contratos de *Software*

*Software* é o conjunto de informações organizadas que determina o que o computador, enquanto máquina, tem que fazer para atingir uma finalidade específica.[101] É por meio dele que se torna possível a utilização do *hardware*.

Este tipo de contrato pode ser diferenciado em razão de sua função e do grau de padronização.

Quando falamos da função do *software*, nos referimos à aplicabilidade no funcionamento do *hardware*, que, por sua vez, poderá ser de aplicação ou ligada ao manejo de uma base de dados.

Já o grau de padronização pode ser dividido em *softwares* sob medida ou *standard* (este se refere a um programa padrão, que poderá ou não ser adaptado às necessidades do cliente).

A licença conferida pode ser de produção, utilização ou distribuição. É por meio de licença de produção e distribuição que o cessionário tem autorização para, durante um período de tempo e mediante retribuição, produzir e comercializar um determinado número de cópias.[102] Já através da licença de utilização o consumidor poderá utilizar livre e licitamente o *software*.

---

100 Cf. Maria Eugenia Finkelstein. **Aspectos Jurídicos do Comércio Eletrônico**. Porto Alegre: Síntese, 2004, p. 223.

101 *Idem, ibidem*, p. 224.

102 Aqui não há a figura do consumidor final.

## 10.3. O Código de Defesa do Consumidor e os Contratos Nacionais

Diante de tantas transações comerciais via Internet, natural que surjam conflitos de consumo. A questão colocada versa sobre a aplicabilidade da Lei 8.078/90 ao comércio eletrônico.

Perfeitamente aplicável a estas relações o disposto no Código de Defesa do Consumidor,[103] já que as figuras de fornecedor e consumidor encontram-se intactas, variando, apenas, o meio de contratação, que prescinde da forma escrita, tradicional, e dá origem a propostas e aceitações modernas, realizadas através de *clicks* e envio de mensagens eletrônicas.

Mister conceituar a figura do consumidor, a qual encontra previsão no artigo 2º *caput* de consumidor determinado, em sentido coletivo no artigo 2º, parágrafo único, assim como em sentido difuso, indeterminado no artigo 17 e, por fim, de maneira equiparada no artigo 29 da Lei 8.078/90.[104]

---

[103] Nesse sentido o art. 13 do projeto de lei nº 1.589/1999:
*"Art. 13: Aplicam-se ao comércio eletrônico as normas de defesa e proteção do consumidor. (...) § 2º Deverão os ofertantes, no próprio espaço que serviu para oferecimento de bens, serviços e informações, disponibilizar área específica para fins do parágrafo anterior, de fácil identificação pelos consumidores, e que permita seu armazenamento, com data de admissão, para fins de futura comprovação. (...) § 4º Os sistemas eletrônicos do ofertante deverão expedir uma resposta eletrônica automática, incluindo a mensagem do remetente, confirmando o recebimento de quaisquer intimações, notificações ou correios eletrônicos dos consumidores."*

[104] *"Art. 2º: Consumidor é toda pessoa física ou jurídica que adquire ou utiliza produto ou serviço como destinatário final.*
*Parágrafo único. Equipara-se a consumidor a coletividade de pessoas, ainda que indetermináveis, que haja intervindo nas relações de consumo.*
*Quando o Código trata da responsabilidade civil por fato do produto ou serviço ainda traz a figura do consumidor por equiparação: Art. 17. Para os efeitos desta Seção, equiparam-se a consumidores todas as vítimas do evento.*
*Ainda quando prejudicados por práticas comerciais estende a proteção às vítimas do evento: Art. 29: Para os fins deste capítulo e do seguinte, equiparam-se a consumidores todas as pessoas determináveis ou não, expostas às práticas nele previstas."*

Também a figura do fornecedor encontra clara definição no Código de Defesa do Consumidor, de cuja classificação se encarregou o artigo 3º,[105] englobando o responsável pelo fornecimento de produtos e serviços no mercado de consumo.

Portanto, a aplicabilidade do Código de Defesa do Consumidor às contratações eletrônicas no Brasil é incensurável, cabendo, contudo, divergência sobre a aplicabilidade às relações internacionais, conforme veremos a seguir.

Vale destacar que o artigo 30, capítulo II do Projeto de Lei nº 4.906/01[106] que tramita perante o Congresso Nacional prevê a expressa aplicabilidade das normas de defesa do consumidor naquilo que não conflitar com aquela.

## 10.4. O Código de Defesa do Consumidor e os Contratos Internacionais

O consumidor exerce papel fundamental nas relações econômicas internas e internacionais, porquanto a cultura ao consumo mobiliza mercados em nível global. Vivemos em uma verdadeira sociedade de consumo, na qual o desenvolvimento de meios de transporte e tecnologias interliga as economias mundiais.

Com o acesso à informação e às tecnologias mundiais, o consumidor passou a integrar o mercado econômico globalizado, adquirindo bens e serviços além das fronteiras de seu país.

---

[105] *"Art. 3º: Fornecedor é toda pessoa física ou jurídica, pública ou privada, nacional ou estrangeira, bem como os entes despersonalizados, que desenvolvam atividades de produção, montagem, criação, construção, transformação, importação, exportação, distribuição ou comercialização de produtos ou prestação de serviços.*
*§ 1º. Produto é qualquer bem, móvel ou imóvel, material ou imaterial.*
*§ 2º. Serviço é qualquer atividade fornecida do mercado de consumo, mediante remuneração, inclusive as de natureza bancária, financeira, de crédito e securitária, salvo as decorrentes das relações de caráter trabalhista."*

[106] *"Art. 30: Aplicam-se ao comércio eletrônico as normas de defesa e proteção do consumidor vigentes no país."*

Com a informatização dos negócios jurídicos, muitas vezes o consumidor nem sabe ao certo de quem está contratando. A globalização e a possibilidade de divulgação e acesso à *WWW* de qualquer lugar do mundo gerou incerteza nas contratações, vez que a sede do estabelecimento comercial fornecedor, quando não desconhecida, pode estar em outro país.[107]

Isto ocorre porque a oferta, a negociação e a contratação são feitas em um ambiente virtual, sem território definido. O tempo e espaço, antes bem definidos pela jurisprudência e doutrina, foram revistos e modificados.

Não existem mais limites de nacionalidade e territorialidade aos indivíduos, agora o lugar da conclusão do negócio é determinado pelas partes contratantes.

Aplica-se, na relação entre particulares, o disposto no artigo 9º, § 2º da LICC[108], ou seja, a obrigação resultante de contrato reputa-se constituída no lugar em que residir o proponente e será válida a lei de seu país para dirimir questões oriundas deste. As ofertas e contratações são globais, dispostas em forma de *hiperlinks* na Rede mundial, não encontram limites territoriais ou nacionais.

Outrossim, as regras de proteção aplicáveis aos contratos de consumo prevalecem sobre regras da contratação entre civis, ou seja, em caso de relação de consumo, a regra aplicável é a do domicílio do consumidor, do local da entrega ou da prestação do serviço.[109]

---

[107] Neste contexto polêmica decisão proferida pelo Superior Tribunal de Justiça no caso "Panasonic". Resp 6.3981-SP, j. 20.11.2000, relatoria do Ministro Sálvio de Figueiredo. Tratava-se de uma filial brasileira que foi responsabilizada pela garantia de uma filmadora da marca Panasonic, adquirida nos Estados Unidos, distribuída pela matriz japonesa e produzida no Oriente. Através do voto, o Ministro arguiu que estamos vivendo num mundo de economia globalizada, em que as grandes corporações perdem a marca nacional para se transformarem em empresas mundiais; saíram do provincianismo para alcançarem a universalidade. Por este motivo, a Panasonic do Brasil responde pelos vícios das mercadorias da mesma marca, adquiridas no exterior.

[108] *"Art. 9º: Para qualificar e reger as obrigações, aplicar-se-á a lei do país em que se constituírem. § 2º: A obrigação resultante do contrato reputa-se constituída no lugar em que residir o proponente."*

[109] Inez Lopes Matos Carneiro de Farias. A proteção do consumidor internacional no comércio internacional eletrônico. Dissertação de mestrado da USP. São Paulo, 2002.

Nos contratos de consumo internacionais realizados pela Internet a solução de aplicar a lei do país em que está o consumidor ou contratante é descartada atualmente, pois no negócio realizado via Internet é impossível ao fornecedor conhecer todas as particularidades aplicáveis em diversas partes do mundo.

Neste particular vale mencionar o importador, que, nos termos do artigo 12[110], será responsabilizado por danos causados ao consumidor.

O grande desafio, nesta seara, é adaptar as regras já existentes no Código de Defesa do Consumidor aos conflitos de consumo eletrônico, pois as regras já existem e são aplicáveis, bastando a subsunção ao fato concreto. Mister mencionar que as lides atuais clamam por regulação específica, o que ensejou projetos de lei sobre o tema. Sobre projetos de lei e formas de resolver conflitos inéditos dedicaremos capítulo exclusivo, ao final.

## 11. DOCUMENTO ELETRÔNICO

É a peculiar característica de ausência de instrumentalidade física que diferenciam os documentos eletrônicos dos demais, tradicionais e em papel. Não obstante considera-se o contrato eletrônico um documento,[111] podendo assim ser considerado para todos os fins legais.[112]

---

[110] *"Art. 12: O fabricante, o produtor, o construtor, nacional ou estrangeiro, e o importador respondem, independentemente da existência de culpa, pela reparação de danos causados aos consumidores por defeitos decorrentes do projeto, fabricação, construção, montagem, fórmulas, manipulação, apresentação ou acondicionamento de seus produtos, bem como por informações insuficientes ou inadequadas sobre sua utilização e riscos."*

[111] Cf. Miguel Angel Navarrete. Contratos Electrónicos. Barcelona: Marcial Pons, 1999, *apud* Maria Eugenia Finkelstein. **Aspectos jurídicos do comércio eletrônico**. Porto Alegre: Síntese, 2004, p. 189: "O suporte material do documento eletrônico é um disco informatizado ou qualquer outra forma tecnologicamente possível de armazenamento de informação. O conteúdo pode ser revelado por meio de um procedimento informatizado normalizado. Em qualquer caso pode se transformar em um documento escrito em forma de papel."

[112] Nesse sentido, a Lei modelo sobre comércio eletrônico da Comissão de Direito do Comércio Internacional das Nações Unidas (UNCITRAL), de 1996, também tratou da matéria na lei uniforme, modelo, aprovada em setembro de 2000 na

A tecnologia tem quebrado inúmeros paradigmas em todos os ramos sociais, da ciência humana e do Direito. Exemplo prático e atual é a revisão de conceitos aplicáveis a documentos é o documento eletrônico (gerado, transmitido, acessado e armazenado na sua forma digital, constituído por *bits* e sem necessidade de impressão em papel).

Há muito tempo os homens têm buscado por alternativas no registro de informações. Papéis tradicionais geram altos custos, volume no armazenamento e estão sujeitos à deterioração, seja por armazenagem incorreta, seja por ação do tempo.

Também são elevados os custos de manutenção, pelo Estado, de enormes arquivos, os quais acabam sendo repassados aos próprios contribuintes.

Finalmente, o impacto que a armazenagem de informações gera sobre o meio ambiente, ensejando desmatamentos para produção de papel em larga escala, clamou por soluções alternativas de documentos.

A microfilmagem e digitalização já não são mais alternativas viáveis e promissoras, já que não dispensam a armazenagem física dos documentos, apenas permitem armazenagem e organização mais eficazes. O desafio, portanto, foi ensejar forma de redação e conservação de documento válido, mas sem suporte instrumental embasado no tradicional papel.

Todo documento é composto por dois elementos, um de suporte instrumental (material composto por um texto, sobre um elemento real, via de regra, o papel) e outro de suporte material (conteúdo).

O surgimento do documento eletrônico fez desaparecer um dos suportes fáticos, o papel, com ausência do suporte instrumental e substituição pelo suporte eletrônico.

Neste contexto bem ensinou Ricardo Lorenzetti:[113] no documento eletrônico "a declaração está assentada sobre *bits* e não sobre átomos".

---

cidade de Viena. O art. 5º da citada lei dispõe que não se negarão efeitos jurídicos, validade ou força obrigatória à informação pela simples razão de que esta não esteja contida em uma mensagem de dados que dá lugar a tal efeito jurídico.

113 Ricardo L. Lorenzetti. **Comércio Eletrônico**. Tradução de Fabiano Menke. São Paulo: Revista dos Tribunais, 2004, p. 131.

## 11.1. Requisitos de Validade dos Documentos em Geral

Para que qualquer documento tenha eficácia probatória e validade inquestionável, são necessários, ao menos, três requisitos:[114]
   a) autenticidade, com identificação de autoria;
   b) integridade, evitando possíveis alterações após a confecção;
   c) acessibilidade, em relação a informações contidas.

As informações e textos formados e armazenados no computador, pela forma eletrônica, careciam de validade, pois não correspondiam aos dois primeiros requisitos. Não havia como vincular a autoria a ninguém, por ausência de assinatura física; e, ainda, poderiam sofrer alterações facilmente, eis que eram meras sequências binárias. Surgiu, então, a tecnologia que possibilitou essa identificação e conferiu segurança às partes, é o sistema de criptografia.

## 11.2. Segurança

Com o espantoso crescimento da informática e o surgimento da Internet, a troca de informações através dos meios digitais se expandiu rapidamente. Empresas passaram a depender exclusivamente dessa tecnologia, otimizando seus negócios e expandindo a abrangência no mercado.

Surgiram, no entanto, os problemas relacionados ao risco e segurança. Diversos tipos de fraudes foram desenvolvidas em razão de falhas na segurança, dentre eles alterações e fraudes documentais.

Surgiu a necessidade de possibilitar o envio de informações onde apenas o destinatário fosse capaz de ler, em que o documento original não fosse alterado e, além disso, que o emissor pudesse ser identificado.

---

[114] Cf. Marcos Costa. **A ICP Brasil e os Documentos Eletrônicos**. Art. publicado no Caderno jurídico em julho de 2002. Ano 2. n° 4, p. 23.

Nesse sentido, fatores fundamentais na expectativa de confiança do consumidor e Boa-fé nas relações pelo comércio eletrônico são a segurança, validade e força probatória dos documentos eletrônicos.

## 11.3. Segurança dos Documentos Eletrônicos

Sobre segurança na transação eletrônica, a principal questão versa sobre a validade dos documentos que dão ensejo aos contratos eletrônicos. Não há, atualmente, legislação específica que regule a validade do documento eletrônico. Existe apenas a Medida Provisória nº 2.200/01 e a instrução normativa da Secretaria da Receita Federal nº 156, de 22 de dezembro de 1999.

## 11.4. Sistema de Segurança Criptográfico

Descoberta por dois professores da Universidade de Stanford, em 1975,[115] a criptografia[116] assimétrica representou importante e fundamental tecnologia para conferir segurança e validade aos documentos eletrônicos. Tratava-se de técnica de distribuição da chave criptográfica, a qual evitava que pessoas desautorizadas pudessem ter conhecimento dela.

O sistema de cifragem criptográfico representava segurança ao emissor e receptor das mensagens sem, contudo, conferir *status* de prova e validade perante terceiros.

Já o sistema de encriptação por chaves públicas possibilita a geração de assinaturas digitais, isto porque agrega o uso de duas chaves, a pública (de conhecimento público) e a privada.

Em linhas gerais, assinatura digital é resultado do emprego do processo criptográfico de chaves privadas e públicas. A chaves privadas geram a assinatura digital, que só será validada se conferida pela chave pública

---

[115] *Idem, ibidem*.

[116] Vale mencionar que a criptografia é técnica de codificação milenar, ciência que encripta informações, de maneira que apenas o autor e o destinatário decifrem a mensagem de seu conteúdo.

correspondente. Existe um par de chaves, único e intransferível, para cada pessoa, o que gera assinatura individualizada e segura.[117]

Para compreendermos os níveis de confiança que podem ser conferidas às transações certificadas pela "segurança" digital, mister que entendamos como funciona a tecnologia aplicada, principalmente nas formas de criptografia e assinatura eletrônica.

### 11.4.1. Surgimento e Utilização da Criptografia

A palavra criptografia tem origem grega (*kriptos* = escondido, oculto e grifo = grafia, escrita) e define a arte ou ciência de escrever em cifras ou em códigos, utilizando um conjunto de técnicas que torna uma mensagem incompreensível, chamada comumente de texto cifrado, através de um processo chamado cifragem, permitindo que apenas o destinatário desejado consiga decodificar e ler a mensagem com clareza. No processo inverso, a decifragem.[118]

Hodiernamente, criptografia é a maneira mais segura de se enviar informações através de um canal de comunicação inseguro como, por exemplo, a Internet. Representa um conjunto de técnicas que são usadas para manter a informação segura, que consistem na utilização de chaves e algoritmos. Tendo conhecimento da chave e do algoritmo usado é possível desembaralhar a mensagem recebida.

No início do século XX, vários mecanismos eletromecânicos foram construídos na Europa e nos Estados Unidos com a finalidade de codificar mensagens enviadas por telégrafo ou por rádio. Estes sistemas baseavam-se

---

[117] É de conhecimento dos estudiosos informáticos que, para descobrir uma chave privada sigilosa a partir da pública, seria necessário que todos os computadores do mundo processassem simultaneamente uma informação durante séculos.

[118] Cf Antonio Terencio G. L. Marques. **A Prova Documental na Internet, Validade e Eficácia do Documento Eletrônico**. Curitiba: Juruá, 2005, p. 156.

principalmente na substituição, pois não havia uma forma específica para armazenar uma mensagem inteira usando técnicas de transposição.[119]

O sistema atual é executado em computadores digitais de alta velocidade, usando combinações de transposição e substituição, assim como outras funções matemáticas.

O objetivo da criptografia é tornar impossível a recuperação de um texto em claro a partir de um texto cifrado sem a chave correspondente e, além disso, dificultar ao máximo a chance de que se descubra, sem autorização, qual a chave que tornaria isso possível. Muitos sistemas modernos de criptografia realizam essa tarefa com facilidade. De fato, existem atualmente algoritmos criptográficos sem falhas conhecidas, disponíveis para serem utilizados.

Os sistemas modernos de criptografia consistem em dois processos complementares:

- **Cifragem**: Processo pelo qual uma mensagem (o texto em claro) é transformada em uma segunda mensagem (o texto cifrado) usando uma função complexa (o algoritmo de criptografia) e uma chave criptográfica especial;

- **Decifragem**: O processo inverso, pelo qual o texto cifrado é transformado no texto em claro usando uma segunda função complexa e uma chave de decifragem. Em alguns sistemas criptográficos, a chave criptográfica e a chave de decifragem são iguais, em outros, diferentes.

O sistema criptográfico que apresenta chaves de cifragem e decifragem iguais denomina-se sistema criptográfico simétrico, enquanto o sistema que utiliza chaves de cifragem e decifragem diferentes denomina-se sistema criptográfico assimétrico.

---

[119] Bruno de Melo Silva. **Uma Abordagem de Infra-Estrutura de Chaves Públicas para Ambientes Corporativos**. Monografia apresentada ao UNICEUB – Centro Universitário de Brasília, 2004. Disponível em: http://www.modulo.com.br/index.jsp. Acesso em: 11 de julho de 2005.

### 11.4.1.1. Criptografia Simétrica[120]

A criptografia simétrica surgiu garantindo o sigilo dos dados enviados. A troca da chave utilizada na criptografia mostrava-se insegura, já que a chave é a mesma para os dois lados de uma transação. Para cada participante do ciclo de informações deveria ser criada uma nova chave criptográfica para a troca de mensagens. O conceito de criptografia simétrica também não poderia garantir a autenticidade do remetente de uma mensagem.

Estes são os algoritmos convencionais de criptografia, onde a mesma chave secreta é utilizada tanto para cifrar como para decifrar uma mensagem, devendo ser conhecida por ambos os lados do processo. Este é o grande problema do método, pois a chave tem de ser entregue aos participantes de modo seguro, e as transações só podem ser realizadas depois disso.

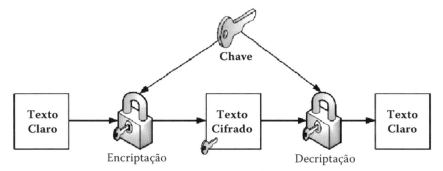

Figura 1: Criptação Simétrica

O fato de ambos os lados conhecerem a chave também leva à possibilidade de repúdio da transação, pois um lado pode sempre alegar que o outro usou a chave e realizou a transação em seu nome, indevidamente.

Como cada par de participantes deve ter uma chave própria, o número de chaves necessárias para comunicação segura entre muitos participantes cresce combinatoriamente, com agravante adicional de que todas essas chaves são secretas e devem ser protegidas adequadamente.

---

[120] Informações e figuras cf. Bruno de Melo Silva. *Op. cit.* Acesso em: 11 de julho de 2005.

Um participante do ciclo de criptografia deverá ter a chave de todos os outros para se comunicar com cada um deles. Isso inviabiliza o uso destes algoritmos isoladamente em certas aplicações.

### 11.4.1.2. Criptografia Assimétrica[121]

Já os algoritmos assimétricos utilizam duas chaves diferentes, uma em cada extremidade do processo. As duas chaves são associadas através de um relacionamento matemático, pertencendo a apenas um participante, que as utilizará para se comunicar com todos os outros de modo seguro.

Essas duas chaves são geradas de tal maneira que a partir de uma delas não é possível calcular a outra a um custo computacional viável, possibilitando a divulgação de uma delas, denominada chave pública, sem colocar em risco o segredo da outra, denominada chave secreta ou privada.

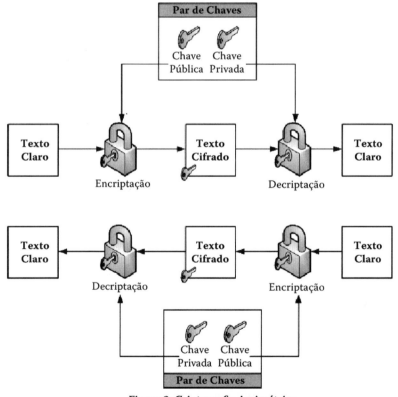

Figura 2: Criptografia Assimétrica

---

121 *Idem, ibidem.*

O problema que perdura ao sistema é a identificação do titular, ou seja, o documento pode ter sido criptografado por qualquer um, não existe autenticidade.

Para solucionar o problema de autenticidade, criou-se um modo para certificar a titularidade das assinaturas nos documentos eletrônicos, possibilitando a sua integridade, genuinidade e segurança.[122]

## 11.5. Assinatura Eletrônica e Autoridades Certificadoras

Para que haja maior segurança às partes contratantes, o documento deve ser assinado, regra esta que deve ser aplicada também aos documentos eletrônicos.

Com o intuito de viabilizar a assinatura de documentos sem suporte instrumental, surgiu a assinatura digital. Essa validade conferida ao documento foi clamada pelo comércio eletrônico, já que nem a presença física das partes era exigida na contratação.

As autoridades certificadoras são encarregadas de emitir, expedir, distribuir, revogar e gerenciar os certificados eletrônicos, os quais identificam os proprietários das chaves públicas distribuídas. Os certificados digitais surgiram para guardar as informações dos indivíduos.

Após a assinatura, em certificado digital de uma Autoridade Certificadora confiável, o receptor do certificado poderia validar a confiabilidade deste, utilizando a chave pública da Autoridade que o assinou. Lembramos, aqui, que as chaves públicas são de acesso público.

No Brasil, o dispositivo legal que criou o órgão governamental responsável pela autorização de distribuição de certificados eletrônicos é a Medida Provisória nº 2.200-2, de 24 de agosto de 2001, a qual instituiu a Infraestrutura de Chaves Públicas Brasileiras – ICP-Brasil[123] e transformou o Instituto Nacional de Tecnologia da Informação em autarquia.

---

[122] Maria Eugenia Finkelstein. **Aspectos Jurídicos do Comércio Eletrônico**. Porto Alegre: Síntese, 2004, p. 171.

[123] *"Art. 1º: Institui a Infraestrutura de Chaves Públicas Brasileira – ICP- -Brasil, para garantir a autenticidade, a integridade e a validade jurídica de documentos em forma eletrônica, das aplicações de suporte e das aplica-*

A ICP-Brasil tem sua organização definida em regulamento,[124] e é composta por uma autoridade gestora de políticas e pela cadeia de autoridades certificadoras, composta pela Autoridade Certificadora Raiz – AC Raiz, pelas Autoridades Certificadoras – AC e pelas Autoridades de Registro – AR.

Tratando da instituição de autoridades públicas de certificação digital, é o projeto de Lei nº 1.589/99, da Ordem dos Advogados do Brasil. Referido projeto dispõe sobre comércio eletrônico, validade jurídica do documento eletrônico e assinatura digital, seguindo algumas diretrizes propostas pela lei modelo da UNCITRAL.

Em matéria de relações de consumo o projeto dispõe como os fornecedores devem operar para conferir eficácia aos contratos firmados eletronicamente, assim como sobre responsabilidades e prejuízos de problemas ligados a este tipo de contratação.

---

*ções habilitadas que utilizem certificados digitais, bem como a realização de transações eletrônicas seguras.*

124 Cf. Antonio Terencio G. L. Marques. **A Prova Documental na Internet, Validade e Eficácia do Documento Eletrônico.** Curitiba: Juruá, 2005, p. 189. Críticas vêm sendo feitas à Medida Provisória, principalmente pela Ordem dos Advogados do Brasil, secção de São Paulo, asseverando que a MP distancia o Brasil das legislações mundiais acerca da matéria quando obriga o uso de certificação em documentos públicos e privados, burocratizando e onerando o comércio eletrônico, eis que há exigência de a certificação ser feita pelo Governo. Assevera, ainda, que a medida deveria tratar de procedimentos e responsabilidades da certificação, e não delegar estas atribuições para um comitê Gestor, que é eminentemente político, quando deveria ser técnico.

# Capítulo III

## APLICAÇÃO DO CÓDIGO DE DEFESA DO CONSUMIDOR AO COMÉRCIO ELETRÔNICO

### 12. O COMÉRCIO ELETRÔNICO NAS RELAÇÕES DE CONSUMO

Com a facilidade de acesso à Rede mundial de telecomunicações, não demorou muito para que esta se tornasse a Rede Mundial de consumo.

Uma das primeiras formas de contratação eletrônica data dos anos 1980, em que a transação comercial era autorizada de maneira automatizada, através da troca de ordens de um computador para outro.[125]

---

[125] Guilherme Magalhães Martins. **Formação dos Contratos Eletrônicos de Consumo Via Internet**. Rio de Janeiro: Forense, 2003, p. 34.

Referidas transações, no entanto, dependiam de contrato prévio entre as partes transatoras, o que tornava a contratação morosa, com alto custo e burocrática, já que todo tipo de transação necessitava de autorização prévia.

Já a Internet propiciava maior celeridade às transações, consistia em uma Rede aberta, que prescindia de extensa negociação prévia e de contratação anterior, o que facilitou e acelerou as transações comerciais.

José Henrique Barbosa Moreira Lima Neto[126] define a revolução das contratações como "uma verdadeira praça pública, onde todos, independentemente de raça, cor e nacionalidade, têm Direito ao uso da palavra. É a versão moderna da *ágora* na Grécia Antiga".

## 12.1. Formas de Oferta Virtual

A Internet é um meio desmaterializado de distribuição de bens aos consumidores e pode ser usado em diferentes graus pelos fornecedores.[127]

Os fornecedores do comércio eletrônico podem usar a Internet somente como instrumento de *marketing*, publicidade, apresentação de seus produtos e comunicação comercial reservando a conclusão do contrato para que seja feita por meios tradicionais. Este modelo de *site* é denominado de "Vitrine".

De maneira diversa, fornecedores podem utilizar a Internet não só como meio prévio e auxiliar na distribuição de seus produtos e serviços, mas como plataforma para a conclusão do contrato, porém, a execução deste e a distribuição física é realizada fora da Internet, é o "varejo eletrônico".

Por fim, ainda podem utilizar a Internet tanto para a comunicação comercial integral, como plataforma para a conclusão e para a execução do contrato.

As transações eletrônicas, por fim, pressupõem uma relação entre pessoas ausentes para aquisição de produtos ou serviços que não estão ao

---

[126] Jose Henrique Barbosa Moreira Lima Neto. **Aspectos Jurídicos do Documento Eletrônico**. Disponível em: http://www.jus.com.br/doutrina/docuelet.html. Acesso em: 11 de julho de 2005.

[127] Cláudia Lima Marques. **Confiança no Comércio Eletrônico e a Proteção do Consumidor: em estudo dos negócios jurídicos de consumo no comércio eletrônico**. São Paulo: Revista dos Tribunais, 2004, p. 79.

alcance do consumidor, no instante da contratação. Destarte, o relacionamento eletrônico pressupõe confiança e credibilidade entre as partes.

### 12.1.1. Varejo Eletrônico

O maior volume de compras através da Internet ocorre nos *sites* que oferecem a possibilidade da compra *on-line* de produtos, segmento que vem crescendo consideravelmente.

Basta analisar com atenção os dados informados pelas empresas que atuam no segmento para concluir que cuidados na segurança dos dados e eficiência na entrega dos produtos são características fundamentais para conquistar a confiança do consumidor, o que proporcionará maiores vendas e crescimento do mercado.[128]

### 12.2. Vantagens

Podemos citar como vantagens do comércio pela Internet, para as empresas:

a) Aumento das margens de lucro, através do canal *on-line*;
b) Redução dos custos associados ao processo que utiliza, tradicionalmente, papéis (aquisição, manuseio, postagem);
c) Fornecimento de serviços mais eficientes e rápidos;
d) Melhor fixação da marca.

---

[128] Informações disponíveis no *site*: www.veja.abril.com.br. Acesso em: 04 de maio de 2010.
O volume de vendas superou as expectativas do setor de comércio *on-line* em 2009. Somente a Braspag – plataforma de *e-commerce* que reúne diversas lojas virtuais –, registrou um aumento de 100% no número de internautas que passaram por seu *site* em relação ao ano anterior, uma tendência que aponta a chegada da classe C a esse mercado. A loja virtual Amercantil.com.br – especializada em eletroeletrônicos, informática e produtos com alta inovação – é exemplo de companhia que aposta nessa tendência. O mercado total do *e-commerce* cresce 30% ao ano no Brasil. O impacto também está relacionado à ampliação do acesso para além das grandes cidades e capitais, onde a compra *on-line* já é forte.

Em que pese as flagrantes vantagens da utilização do comércio eletrônico, o principal obstáculo para expansão das contratações é de natureza cultural, o que, naturalmente, será contornado, uma vez que as novas gerações terão mais facilidade de acesso e maior formação cultural ligada à informática.

Quando falamos em contratação pela Internet, vêm à tona contratos de compra e venda de diversas coisas, das mais variadas possíveis.

Sabemos que o comércio eletrônico via Internet cresceu assustadoramente nos últimos anos, conforme já demonstrado. Da mesma maneira, é fato que este tipo de contratação ainda irá conquistar novos mercados e massas de consumidores, sendo o futuro do comércio, pois apresenta inúmeras vantagens em detrimento daquele, tradicional.

Dentre referidas vantagens, podemos citar a variedade de produtos oferecidos e a comodidade que o consumidor encontra ao adquirir produtos. Basta navegar pelas páginas da *web* para realizar verdadeiro passeio virtual entre prateleiras e vitrines, com imensa gama de produtos que aguardam apenas um *click* para serem consumidos.

Neste particular, vale mencionar que a publicidade utilizada nesta mídia é fator fundamental na influência do consumidor. As imagens, sons, cores e atrativos levam o consumidor a adquirir produtos que muitas vezes nem desejava. Ao visualizar um produto que o chama a atenção, basta que o usuário dê um *click* para aceitar aquela oferta, basta que pressione o botão com um único dedo para realizar uma compra.

Contudo, a indigitada compra pode gerar mera satisfação do impulso de consumo, ou, então, transtornos de variada gama.

## 13. OS DESAFIOS NEGATIVOS DO COMÉRCIO ELETRÔNICO

A desigualdade entre as partes contratantes acentua a ocorrência de abusos por parte de fornecedores virtuais. Ricardo Lorenzetti[129] comenta

---

[129] Ricardo L. Lorenzetti. **Comércio Eletrônico**. Tradução de Fabiano Menke. São Paulo: Revista dos Tribunais, 2004, p. 360. Art. denominado Consumers@ shopping: um estudo comparativo internacional sobre comércio eletrônico. Consumers international, set. 1999.

estudo sobre comércio eletrônico, realizado pela *Consumers International*, no qual constatou-se que, ao comprar pela Internet, o Direito dos consumidores é gravemente ferido. A pesquisa aponta que apenas 53% das empresas pesquisadas contavam com políticas de devolução de bens, e somente 32% forneciam informações sobre como proceder para efetuar reclamações. Em alguns casos, os produtos jamais chegaram aos destinatários e, em outros, os clientes continuavam à espera da devolução do produto.

Destaquemos outros empecilhos para a disseminação da prática do comércio eletrônico, vejamos:

a) Custo de acesso à Internet;
b) Necessidade de melhoria da infraestrutura de entrega e controle da mercadoria adquirida;
c) Falta de confiança e segurança do consumidor.[130]

Como a confiança é fator fundamental nas relações de comércio eletrônico, cabe aos fornecedores e estudiosos da informática desenvolver níveis cada vez mais seguros nas operações, eis que a confiança está intimamente ligada à segurança das transações.

Quando falamos da segurança no comércio eletrônico nos referimos à segurança tecnológica (que confere estabilidade e evita que falhas aconteçam no processo tecnológico) e segurança jurídica, a qual será alcançada pela regulação e adaptação das normas que disciplinam tão recente prática.

O comércio realizado através da Internet traz, também, situações de risco ao fornecedor, situações estas que precisam ser analisadas pelos legisladores e aplicadores do Direito, a fim de que sejam solucionadas durante o inexorável desenvolvimento deste tipo de contratação.

---

[130] Este será, necessariamente, o estudo do presente trabalho, já que a confiança tem sido o principal obstáculo do crescimento e disseminação do comércio eletrônico na era pós-*fordista*.

Dentre estas situações podemos citar:

1) Dificuldade de provar a existência do contrato, que decorre da ausência de registros adequados das transações realizadas pelo *site*;[131]
2) Falta de utilização de senhas e/ou assinaturas eletrônicas que busquem diminuir o risco de anulabilidade em razão de contratação por incapazes;
3) Falta de transparência da transação;
4) A manutenção de confidencialidade dos dados de consumidores;
5) Diminuição da inadimplência;
6) Insegurança tecnológica atual.

Também do ponto de vista do consumidor, a proteção conferida atualmente enfrenta alguns desafios, dentre eles:

1) Vulnerabilidade;
2) Problemas relacionados à informação;
3) Presença de cláusulas abusivas;
4) Publicidade invasiva;
5) Responsabilização por danos;
6) Insegurança tecnológica da Rede.

As reclamações mais comuns dos consumidores de produtos pela Internet estão ligadas a fatores como vícios, defeitos, prazo de entrega, devolução do produto, destinação incorreta de dados confidenciais e segurança no envio de dados e pagamentos.

---

[131] A questão relativa à titularidade e capacidade do agente está ligada, diretamente, à manifestação da vontade do agente, elemento caracterizador e fundamental da validade do negócio jurídico.

Quando se fala em relações de consumo é fato que a oferta vincula o fornecedor ao cumprimento. A aceitação do consumidor ensejará total responsabilidade contratual às partes.[132]

Como mencionamos, inúmeros esforços tecnológicos e comerciais vêm sendo desenvolvidos para evitar que este tipo de transtorno interfira na satisfatória realização dos contratos. Contudo, em razão da ausência de disciplina legislativa específica, não há maneira clara e incontroversa de dirimir conflitos desta espécie.

Não obstante, as regras aplicáveis ao Direito contratual tradicional são, também, passíveis de disciplinar esta nova forma de contratação, eletrônica. Ademais, a criação e regulamentação da assinatura eletrônica trazem segurança e confiança às partes.[133]

### 13.1. Oferta e Vinculação

No entendimento de Rodolfo Fernández,[134] equiparando o comércio eletrônico ao tradicional, os ícones que trouxerem apenas a marca do fornecedor podem ser considerados como mera publicidade institucional. Contudo, quando o *link* possibilitar acesso ao *on-line-shop* do fornecedor, ou mesmo quando *banners* passam na tela com informações sobre a oferta, tudo se torna *flow*.[135]

---

132 Nesse sentido o art. 35 do Código de Defesa do Consumidor:
*"Art. 35: Se o fornecedor de produtos ou serviços recusar o cumprimento à oferta, apresentação ou publicidade, o consumidor poderá, alternativamente e à sua escolha: I – exigir o cumprimento forçado da obrigação, nos termos da oferta, apresentação ou publicidade; II – aceitar outro produto ou prestação de serviço equivalente; III – rescindir o contrato, com Direito à restituição de quantia eventualmente antecipada, monetariamente atualizada, e a perdas e danos".*

133 V. tópico 11.5, sobre assinatura digital.

134 Rodolfo Fernández. Contratación Electrónica: la prestation del consentimento en Internet. Barcelona: Bosch, 2001, p. 38-39 *apud* Cláudia Lima Marques. **Confiança no comércio eletrônico e a proteção do consumidor: um estudo dos negócios jurídicos de consumo no comércio eletrônico**. São Paulo: Revista dos Tribunais, 2004, p. 145.

135 Fluido, informação com caráter publicitário, que induz à venda

Finaliza a questão considerando todo e qualquer meio que possa induzir ao consumo, como oferta e publicidade, ainda que sejam marcas, nomes gráficos e ícones. Justificamos este raciocínio porque toda e qualquer mensagem, seja por imagem, som ou texto, que atraia a atenção do consumidor para a marca do fornecedor gera um liame de confiança e expectativa, vinculando-o sempre que a oferta for razoável.[136]

### 13.2. Práticas Comerciais Abusivas

Práticas comerciais abusivas são vedadas pelo Código de Defesa do Consumidor. Todas aquelas tradicionais, do comércio pessoal, são aplicáveis ao comércio eletrônico. Algumas delas, não obstante, são específicas do mercado de consumo eletrônico. Na classificação de Norbert Reich, citado por Cláudia Lima Marques[137], são as seguintes:

a) O consumidor acessa o *site* de fornecedores já conhecidos, por meio eletrônico;

b) O consumidor navega pela Internet, acessa o *site* do fornecedor e encontra a publicidade, interessando-se pela oferta;

c) O consumidor recebe a publicidade por *e-mail*, que o induz a acessar o *site* do fornecedor;

d) A publicidade recebida por *e-mail* já contém o *link* de acesso ao *site* do fornecedor.

---

[136] Nesse sentido julgado do Tribunal de Justiça do Rio Grande do Sul: "Civil – Provedor de acesso à Rede Internet – Veiculação de anúncio – Propaganda – Obrigatoriedade do contrato. A vinculação do fornecedor com a propaganda não é absoluta, cuja obrigatoriedade deve sempre ficar dentro do princípio da razoabilidade. Sentença confirmada" (TJRS, 5ª Câm. Cível, Apelação Cível 598388825, rel. Des. Clarindo Favoretto, j. 04.03.1999).

[137] Norbert Reich e Annete Nordhausen. Verbraucher und Recht im elektronischen Verkehr (e.G). Baden-Baden: Nomos, 2000, *apud* Cláudia Lima Marques. **Confiança no comércio eletrônico e a proteção do consumidor: um estudo dos negócios jurídicos de consumo no comércio eletrônico**. São Paulo: Revista dos Tribunais, 2004, p. 161.

Maria Eugênia Finkelstein,[138] ao comentar os meios de publicidade abusivos praticados pela Internet, menciona a tendência negativa de perpetuação de publicidades por meio do *spam* e dos *pop ups*[139], prejudicando a navegação do usuário.

Este tipo de publicidade diferencia-se daquela tradicional pelo canal de acesso à compra. A contratação é muito mais fácil, simplificada e imediata, que propicia a contratação por impulso, motivo pelo qual, a nosso ver, a proteção do consumidor deve ser ainda mais efetiva, aplicando, no momento, as regras de contratação fora do estabelecimento comercial.

A publicidade *on-line*, portanto, pode ser apreciada sob a ótica da publicidade tradicional e sob a égide da regra do Código de Defesa do Consumidor.[140]

Ferindo a Boa-fé nas relações comerciais via Internet, encontramos exemplos de *sites* que colocam, dentre os mecanismos de busca, palavras

---

[138] Maria Eugenia Finkelstein. **Aspectos Jurídicos do Comércio Eletrônico.** Porto Alegre: Síntese, 2004, p. 259.

[139] *Idem, ibidem.* Definição da autora: "Janelas promocionais que aparecem sem solicitação no momento em que um *site* é acessado. Cabe ressaltar que os *pop ups* encontram-se vinculados aos *sites* que o usuário optou por acessar."

[140] Neste aspecto aresto do STJ, que apreciou um caso sobre publicidade na Internet, cuja compra poderia ser realizada pela Rede, foi a publicidade denominada "Palio *on-line*". A venda era realizada pela Internet direto com as concessionárias, mas com garantia de entrega pelo fabricante. Vejamos a ementa:
"Consumidor – Recurso especial – Publicidade – Oferta – Princípio da vinculação – Obrigação do fornecedor.
• O CDC dispõe que toda informação ou publicidade, veiculada por qualquer forma ou meio de comunicação com relação a produtos e serviços oferecidos ou apresentados, desde que suficientemente precisa e efetivamente conhecida pelos consumidores a que é destinada, obriga o fornecedor que a fizer veicular ou dela se utilizar, bem como integra o contrato que vier a ser celebrado.
• Constatado pelo Eg. Tribunal *a quo* que o fornecedor, através de publicidade amplamente divulgada, garantiu a entrega de veículo objeto de contrato de compra e venda firmado entre consumidor e uma de suas concessionárias, submete-se ao cumprimento da obrigação nos exatos termos da oferta apresentada.
• Diante da reclamação de falência da concessionária, a responsabilidade pela informação ou publicidade divulgada recai integralmente sobre a empresa fornecedora" (Recurso Especial 363.393-MG, Min. Nancy Andrigui, j. 04.06.2002).

que podem levar o consumidor a erro. São os chamados *metatags*,[141] práticas invisíveis aos olhos do consumidor, informações codificadas ou palavras-chaves sobre o conteúdo da página de um fornecedor, a fim de forçar a localização destes *sites* pelos programas de busca, como, por exemplo, o *Google.com*, *Yahoo.com*.

Ao realizar uma busca por assunto nos *sites* de localização, estes *metatags* irão colocar o *site* do fornecedor na lista de endereços encontrados. Desta feita, o endereço será disponibilizado para acesso do consumidor mesmo que ele não pretenda visualizar determinado conteúdo, poderá ser induzido, então, a erro.

Problema muito semelhante é o de registro de nomes de domínio de marcas parecidas, famosas, é o que denominamos *cybersquatting*. A jurisprudência nacional já tem trazido julgados com este tipo de prática.[142]

Aqui o que se visa é a preservação da Boa-fé do consumidor, que conhece uma marca pela notoriedade e, ao acessar o *website* do fornecedor, espera que ele corresponda àquele que já conhece. É o senso de lealdade e expectativa justificáveis que veda a indução do consumidor a erro.

O conflito entre a proteção constitucional da livre concorrência e da proteção ao consumidor – através do princípio da Boa-fé – parecem conflitar também quando o assunto é o registro de domínio. Segundo alguns julgados o registro deve ser livre, observadas as regras da concorrência comercial, em outros, deve ser observada a consequência do

---

[141] Cláudia Lima Marques. **Confiança no Comércio Eletrônico e a Proteção do Consumidor: um estudo dos negócios jurídicos de consumo no comércio eletrônico.** São Paulo: Revista dos Tribunais, 2004, p. 178.

[142] O primeiro caso decidido pelo STJ a versar sobre domínio na Internet: "Processual Civil – Competência – Domínio da Internet – Utilização por quem não tem registro da marca no INPI. A Justiça Estadual é competente para processar e julgar ação em que o titular, junto ao INPI, do registro da marca tantofaz.com, sob a especificação de portal da Internet, pretende impedir seu uso por outrem. Recurso parcialmente conhecido, e, nessa parte, provido (STJ, Recurso Especial 390561/PR, rel. Min. Humberto Gomes de Barros, j. 06.06.2002)

registro no cotidiano do consumidor.[143] Entendemos que os que julgam em observância à teoria da aparência e *bona fides* do consumidor aplica o melhor Direito.

### 13.2.1. Publicidade na Internet

A proteção contra publicidade enganosa e abusiva é corolário de proteção do Direito do consumidor. Constitui Direito básico, previsto no inciso IV, do artigo 6º da Lei 8.078/90, também é disciplinada nos artigos 36 a 38.

Como a Internet é veículo de comunicação, as normas do Código de Defesa do Consumidor são perfeitamente aplicáveis, servindo para dirimir transtornos causados por publicidades enganosas e abusivas também no âmbito virtual.

---

[143] Decidindo contra o livre registro:
"Marca – Nome comercial – Domínio eletrônico – Vedação de uso – Preliminar de falta de interesse de agir e denunciação da lide à Fapesp e ao Comitê Gestor Internet rejeitadas. A teor do disposto no art. 1º da Resolução 001/98 do Comitê Gestor Internet do Brasil, o Direito ao nome do domínio eletrônico é conferido ao primeiro requerente que satisfizer, quando do requerimento, as exigências para o registro do nome. Assim, não há que se falar em proibição do uso ou cancelamento do domínio se determinada empresa já utiliza a expressão "farsul" no âmbito da Internet, na extensão destinada ao comércio – ".com", ainda que esse termo esteja sendo utilizado por pessoa jurídica de ramo distinto e objeto de registro junto ao INPI. Quanto mais, nas circunstâncias, em que a reclamante já tem registrado endereço eletrônico com a expressão "farsul" na extensão "org.br". Federação da Agricultura do Estado do Rio Grande do Sul – Farsul que não tem como atividade o comércio, a ensejar o registro na extensão destinada a ele. Apelação provida" (TJRS, 5ª Câm. Cív. Apelação Cível 70002450898, rel. Des. Leo Lima, j. 10.04.2003)
Em sentido contrário:
*"Agravo de instrumento – Tutela antecipada – Razão social e nome comercial – Nome de domínio na Internet. Evidenciada a verossimilhança dos argumentos deduzidos pela agravante, através da comprovação do registro em seu nome das marcas 'mix use' e 'mux wave' junto ao INPI e do registro perante à Junta Comercial deste Estado da razão social da Physio Labo Indústria e Comércio Ltda., assim como o perigo de lesão iminente irreparável ou de difícil reparação, que vem representado pela falsa identificação perante os consumidores que adquirirem os produtos fabricados pela agravante, há que ser acolhido o pedido de antecipação de tutela para supressão do registro dos nomes 'mix-use.com.br'."*

As primeiras propagandas através de *banners* na Internet foram veiculadas em 1994 no *site* comercial Hot Wired, anunciavam produtos da IBM e da Pepsi. Em 1995 os anúncios ganharam som, animação e até pequenos vídeos.[144]

O baixo custo de divulgação da propaganda, o acesso mundial a qualquer hora e por qualquer pessoa, torna este tipo de publicidade cada vez mais utilizado pelas empresas.

No entanto, a facilidade de veiculação aumenta a possibilidade de abusos, ensejando práticas típicas da sociedade de informação.

### 13.2.2. *Spams*

Neste particular, iremos analisar a prática e consequências do envio de *spam* ou *spamming*.[145]

Esta prática tem sido muito utilizada pelos fornecedores e *websites*, já que o custo de envio é muito baixo. Os *e-mails* são enviados aos milhares, diariamente, e não exigem custos e mão de obra do fornecedor.[146]

O incômodo e perturbação do consumidor são vultosos, já que suas caixas postais ficam cheias, despendem horas para baixar, analisar e separar as mensagens com conteúdo realmente útil, e, finalmente, podem ter seus computadores danificados pelo envio de vírus.

---

[144] Cf. Jean Jacques Erenberg. **Publicidade Patológica na Internet**. Caderno jurídico. Julho de 2002. Ano 2, nº 4, p. 109.

[145] Podemos definir esta prática como o envio de mensagens de e-mail não solicitadas aos consumidores, mensagens estas com conteúdo de caráter publicitário.

[146] Nesse sentido julgado do Tribunal de Justiça do Rio Grande do Sul, que versa sobre autoria de um *spam*, cuja ação foi proposta em face da empresa de telecomunicações e do servidor de acesso: "Cautelar – Produção antecipada de prova – Informação de usuário – Legitimidade passiva. Pretendendo os autores, em cautelar preparatória, obter informações a respeito da origem de mensagens eletrônicas recebidas – *e-mails* – a direcionarem futura ação indenizatória, não assume legitimidade a demandada que somente prestou serviço de transporte de telecomunicações – SRTT – servindo tão somente de meio físico a interligar o usuário final ao provedor de acesso e conexão à Internet. Agravo provido" (TJRS, 10ª Câm. Cível, Agravo de Instrumento 70003736659, rel. Des. Paulo Antonio Kretzmann, j. 09.05.2002).

Para evitar a prática abusiva no envio deste tipo de publicidade, os legisladores buscam definir sua abusividade, combatendo o ilícito.

Existe fundamental ligação entre os bancos de dados coletados pelos fornecedores e o recebimento, pelos consumidores, de mensagens com conteúdo comercial indesejado. Existem *sites* que comercializam os dados de seus usuários. Os próprios *spammers*[147] podem coletar os dados dos usuários através da utilização de *cookies*.[148]

Relacionando a prática do envio de *spam* ao Código de Defesa do Consumidor, deve-se mencionar que configura prática abusiva, vedada pelo artigo 36[149] do referido diploma legal.

Por fim, há que se mencionar que o projeto de lei nº 1.589/1999, de iniciativa da Ordem dos Advogados do Brasil, impõe ao fornecedor a obrigação de identificar a mensagem como publicitária. Não proíbe o *spam*, mas estabelece critérios de envio e maneiras de, ao menos, identificá-lo.[150]

## 13.3. Direito de Arrependimento

Quando se fala em meio de contratação à distância, essencial levar em consideração o direito de arrependimento conferido ao consumidor,

---

[147] Aqueles que enviam o *spam*.

[148] São arquivos de texto (.txt) enviados pelo servidos *web* para os browsers que sustam suas páginas. O cookie é armazenado pelo browser e ativado toda vez que a página que o originou é acessada. Servem para informar os servidores de quantas vezes a página é acessada pelo mesmo browser.

[149] *"Art. 36: A publicidade deve ser veiculada de tal forma que o consumidor, fácil e imediatamente, a identifique como tal. Parágrafo único. O fornecedor, na publicidade de seus produtos ou serviços, manterá, em seu poder, para informação dos legítimos interessados, os dados fáticos, técnicos e científicos que dão sustentação à mensagem."*

[150] *"Art. 8º: O envio de oferta por mensagem eletrônica, sem prévio consentimento dos destinatários, deverá permitir a estes identificá-la como tal, sem que seja necessário tomarem conhecimento de seu conteúdo."*

expresso no artigo 49 do Código de Defesa do Consumidor[151] e na Diretiva Europeia nº 7, de 20 de maio de 1997.[152]

O comércio de produtos através da Internet, ainda que por comunicação simultânea (*chat*), configura venda fora do estabelecimento do fornecedor, vez que apenas o recebimento e processamento da prestação pelo fornecedor será no "mundo real" sendo que, inclusive, o contrato e a obrigação assumida pelo consumidor poderão ser "virtuais".[153]

Lembramos que o prazo de arrependimento conferido ao consumidor virtual é ainda mais necessário do que o tradicional, pois, ao navegar pela Internet, está ainda mais sujeito à influência do *marketing* comercial. Para efetivação do negócio basta adentrar o *site* de vendas do fornecedor, basta um *click* para concluir o negócio, o que aumenta sobremaneira a realização de compra por impulso.

Nesse sentido a lição de Maria Eugenia Finkelstein[154] que, quando menciona a aplicabilidade do prazo de arrependimento, ensina que a tendência natural é que o consumidor celebre contratos que normalmente não celebraria, caso tivesse tido tempo de refletir e não fosse tão fácil o processamento da aquisição.

---

[151] *"Art. 49: O consumidor pode desistir do contrato, no prazo de 7 dias a contar da assinatura ou do ato do recebimento do produto ou serviço, sempre que a contratação de fornecimento de produtos e serviços ocorrer fora do estabelecimento comercial, especialmente por telefone ou em domicílio."*

[152] *"Art. 2.1: Para os fins da presente diretiva se entende por contrato a distância qualquer contrato tendo por objeto bem ou serviço estipulado entre um fornecedor e um consumidor no âmbito do sistema de venda ou de prestação de serviço a distância organizado pelo fornecedor que, por tal contrato, emprega exclusivamente uma ou mais técnicas de comunicação a distância para celebração do contrato, compreendida a celebração do próprio contrato."*

[153] Como no caso de pagamento por cartão de crédito.

[154] Maria Eugenia Finkelstein. **Aspectos Jurídicos do Comércio Eletrônico**. Porto Alegre: Síntese, 2004, p. 269.

O artigo 49 do Código de Defesa do Consumidor traz a possibilidade de arrependimento na compra como tipo aberto, sujeito à interpretação pelo aplicador do Direito.[155]

Interessante exemplo cita o eminente professor Nelson Nery Junior,[156] quando menciona a inaplicabilidade do prazo de arrependimento em casos específicos. Trata-se do caso em que o consumidor adquire periodicamente determinado serviço de um mesmo fornecedor, o que o torna conhecedor do produto e carecedor de interesse para exercer o direito previsto no artigo 49 da Lei 8.078/90.

Quando adequamos a norma do artigo 49 do Código de Defesa do Consumidor ao comércio eletrônico, notamos a importância de o dispositivo ter regulamentação geral, aberta. Se, pelo contrário, o legislador consumerista tivesse detalhado a incidência específica do direito de arrependimento, hoje este seria ineficaz perante as formas de contratação modernas, já que diariamente surgem novas situações.[157]

Um dos maiores problemas que envolvem o direito de arrependimento atualmente diz respeito à aquisição de *software* que se instala no *hardware* do consumidor assim que é efetuado o *download*, automaticamente. A questão versa sobre a aplicabilidade do Direito nestes casos, já que o produto adquirido já se instalou na máquina. Nestes casos, caso

---

[155] Já a diretiva europeia nº 97/7, de 20 de maio de 1997, no art. 31, restringe as hipóteses em que a compra poderá ser desfeita, estabelecendo sua inaplicabilidade nos seguintes casos: contratos relativos a serviço financeiro, contratos concluídos por meio de distribuidor automático ou local comercial automatizado, contrato concluído com operador de telecomunicações entregando telefone público, contrato para construção e venda de bem imóvel ou relativo a outro Direito de bem imóvel, excetuando-se a locação e os contratos concluídos em leilão ou hasta pública.

[156] Código de Defesa do Consumidor Comentado pelos Autores do Anteprojeto. Rio de Janeiro: Forense Universitária, 2004, p. 332.
  "*Se for dos usos e costumes entre as partes a celebração de contratos por telefone, por exemplo, não incide o dispositivo e não há o Direito de arrependimento.*"

[157] Ronaldo Alves de Andrade. **Contrato Eletrônico no Novo Código Civil e no Código do Consumidor**. Barueri. São Paulo: Manole, 2004, p. 112 menciona a importância do tipo legislativo aberto, criado nos moldes do *common law* e que permite ao judiciário, mediante o preenchimento do tipo, construir o Direito e criar regras para aplicação no caso concreto, harmonizando a jurisprudência.

o consumidor se arrependa, o que garante ao fornecedor que o *software* será desinstalado?

Os fornecedores de *softwares* de autoinstalação pela Internet já vêm trabalhando na solução. Exemplo de controle deste tipo de uso é o programa denominado Viruscan.[158]

Em razão da característica de antivírus, referido programa necessita de constantes atualizações para que continue sendo útil ao consumidor. Após o tempo contratado gratuitamente (um ano), o consumidor precisa fazer a atualização (através de novo *download*), oportunidade na qual, se o *software* não estiver regularizado, seu funcionamento será bloqueado.

Portanto, soluções são criadas para exercer certo controle sobre instalações imediatas, contudo, incensurável que, neste particular, os fornecedores encontram-se sujeitos a abusos que podem ser facilmente praticados por consumidores que agem de má-fé.

Contudo, em que pese a maioria doutrinária, que tende a aplicar o artigo 49 do Código de Defesa do Consumidor ao comércio eletrônico, há que se mencionar que a questão não é pacífica. Fábio Ulhôa Coelho[159] acredita que não deve haver aplicação do artigo no caso do comércio eletrônico, argumentando que não se trata de negócio concretizado fora do estabelecimento do fornecedor. O consumidor está em casa, ou no trabalho, mas acessa o estabelecimento virtual do empresário; encontra-se por isso na mesma situação de quem se dirige ao estabelecimento físico.

Para renomado autor, o direito de arrependimento só é reconhecido na hipótese de o comércio eletrônico utilizar técnicas de *marketing* agressivo.[160]

---

[158] Maria Eugenia Finkelstein. op. cit., p. 278.

[159] Fábio Ulhôa Coelho. **Curso de Direito Comercial**. São Paulo: Saraiva, 2003, *apud* Maria Eugenia Finkelstein, *op. cit.*, p. 270.

[160] Já em 1986 o *marketing* utilizava estratégias de guerra. Chamou-nos a atenção frase que iniciava capítulo sobre como formar peritos na propaganda: "Os tanques e a artilharia da guerra de *marketing* de hoje estão na propaganda. Enquanto você não souber usar a propaganda em nível tático, estará em grande desvantagem como estrategista de *marketing*". Cf. Al Ries e Jack Trout. **Marketing de Guerra**. São Paulo, McGraw-Hill, 1986.

Finalmente, concluímos que a regra de arrependimento prevista para a compra fora do estabelecimento comercial é integralmente aplicável à contratação pela Internet. Nesse sentido o entendimento proferido em acórdão pelo Tribunal de Justiça do Rio de Janeiro:[161]

> *Aplica-se o Código de Defesa do Consumidor às vendas a distância como pela Internet, destacando-se: a identificação do comerciante; as características essenciais do bem ou do serviço; a indicação do preço, limites eventuais de responsabilidade e condições gerais de venda; prazo de validade da oferta; data limite e despesas da entrega; e o direito de retratação do consumidor.*

### 13.3.1. Despesas Decorrentes do Direito de Arrependimento

Em que pese a característica de virtualidade conferida ao fornecedor do comércio eletrônico, este dispõe, por trás dos computadores e máquinas que realizam a transferência de dados, toda uma estrutura de logística que torna viável o fornecimento dos produtos oferecidos. Para tanto, o fornecedor deve dispor de local físico, maquinário e mão de obra para processar o pedido, embalar e enviar o produto até o local solicitado, o que gera despesas.

A infraestrutura física e tecnológica para que esta seja bem-sucedida gera custos e pode ser resumida em:

a) Apresentação eletrônica de bens e serviços;
b) Recebimento de pedidos na Internet e faturamento;
c) Automatização dos pedidos;
d) Pagamentos pela Internet e gerenciamento de transações;
e) Cadeia de abastecimento automatizada.

---

[161] Desembargador Semy Glanz. **Revista dos Tribunais 796/114**, 2002.

Aspecto importante é a determinação de quem arcará com as despesas do negócio, já que elas existirão e, em caso de devolução do bem, constituirão "prejuízo" [162] ao fornecedor.

O custo da operação de processamento e remessa do produto deve ser arcado, exclusivamente, pelo fornecedor, por constituir despesa natural da atividade.[163]

Neste aspecto a lição de Nelson Nery Junior,[164] destacando que o dever de arcar com os custos do procedimento é do fornecedor, principalmente quando exerce venda de maneira agressiva, sendo vedada a transferência do ônus ao consumidor:

> *O Código garante o direito de arrependimento, de forma pura e simples, sem que do consumidor se exija a declinação dos motivos que o levaram a arrepender-se do negócio. A denúncia vazia do contrato de consumo é direito do consumidor, que não pode ser apenado com despesas oriundas daquele contrato resolvido, justamente porque sua atividade é lícita e jurídica. Podem as partes, entretanto, estabelecer cláusula contratual no sentido de carrear as despesas de frete, postagem e demais encargos ao consumidor, no caso de agir este*

---

[162] Optamos por destacar a palavra prejuízo, já que muitas vezes este custo é imbutido no preço pago pelo consumidor.

[163] Nesse sentido orientação do Ministério da Justiça. Disponível em http://www.mj.gov.br/DPDC/Internet.htm. Acesso em: 11 de julho de 2005.
 **"Conquanto existam opiniões isoladas em sentido contrário, pode o consumidor, desde que agindo de Boa-fé, exercer o Direito de arrependimento quando:**
 *a) o produto ou serviço recebido não corresponder às suas expectativas; ou*
 *b) for induzido a contratar sem a necessária reflexão.*
 *Nestes casos o consumidor poderá arrepender-se num prazo de sete dias a contar da assinatura do contrato ou recebimento da mercadoria, devendo requerer a devolução da quantia paga e devolver o produto adquirido (art. 49 do CDC)."*

[164] **Código de Defesa do Consumidor Comentado pelos Autores do Anteprojeto.** Rio de Janeiro: Forense Universitária, 2004, p. 334.

> *com dolo ou culpa grave. A cláusula que, genericamente, determinar o ressarcimento do fornecedor é contrária ao art. 49 do Código, porque praticamente inibe o exercício do direito de arrependimento, tornando-o inoperante.*

Posição contrária é a do doutrinador Ronaldo Alves de Andrade,[165] que é contrário ao ônus sucumbido pelo fornecedor em caso de devolução do produto:

> *Ora, o exercício do direito de recesso implica a resolução do contrato com a consequente reposição das partes ao stato quo ante, querendo isso dizer que o consumidor deve devolver o produto, e, como foi ele quem teve a iniciativa de resolver o contrato, deve ao menos arcar com os custos da devolução, que, ao nosso ver, tal como regrado pelo legislador francês, devem subsumir-se às despesas para devolução do produto. (sic) Por essas razões, sustentamos que nos contratos eletrônicos as despesas de retorno da mercadoria, no caso do exercício do direito de recesso, devem ser arcadas pelo consumidor.*

Somos favoráveis, contudo, à posição do mestre Nelson Nery Junior, pois se o consumidor ficar responsável pelos custos da devolução, mesmo ao exercer um direito de ação conferido pela lei, poderá ser inibido e deixar de exercitá-lo. Ademais, não é coerente penalizá-lo pela prática de um direito lícito e perfeitamente praticável.

Aqui merece importante destaque a atuação do princípio da Boa-fé objetiva no Direito brasileiro. Tanto o fornecedor quanto o consumidor devem comportar-se com Boa-fé nas ações e pretensões.

Isto significa que o fornecedor deve prestar informações a todo consumidor que acessar o seu *site*, pois todas as características essenciais ao

---

[165] Ronaldo Alves de Andrade. **Contrato Eletrônico no Novo Código Civil e no Código do Consumidor.** Barueri. São Paulo: Manole, 2004, p. 115.

produto serão limitadas à imagem. Já o consumidor, por seu turno, ciente do fato de que só poderá contar com as informações disponíveis no *site*, também deverá comportar-se dentro da regra de conduta da Boa-fé, não devendo valer-se da proteção legislativa em detrimento do fornecedor.

### 13.3.2. A Importância do Serviço de Atendimento ao Cliente

Para que o consumidor tenha mais confiança na contratação e segurança de que não terá nenhum problema na consecução daquele, é unânime que, entre os *sites* de comércio eletrônico, a melhor forma de conquistar a confiança do consumidor é investir no chamado SAC – Serviço de Atendimento ao Consumidor.

Considerando que o comércio eletrônico é uma forma impessoal de contratação, o SAC – Serviço de Atendimento ao Consumidor – é a melhor maneira de conferir certa pessoalidade à relação de consumo.

Conforme a lição de Maria Eugenia Finkelstein[166], o consumidor deverá ser atendido por pessoas bem treinadas, sem demora. Estas pessoas deverão, ainda, ter autonomia para:

1) Atender ao consumidor;
2) Obedecer os prazos de retorno das informações solicitadas pelo cliente;
3) Esclarecer as dúvidas do consumidor junto ao Departamento Jurídico da empresa;
4) Ouvir o que o cliente tem a dizer, encaminhar a reclamação ao departamento responsável (jurídico), verificar se procede, simultaneamente, e tomar as providências para evitar o transtorno;
5) Em caso de reclamação procedente, aplicar as medidas corretivas e indenizatórias ao cliente, satisfazendo suas necessidades como consumidor.

---

[166] Maria Eugenia Finkelstein. **Aspectos Jurídicos do Comércio Eletrônico**. Porto Alegre: Síntese, 2004, p. 302.

Prossegue a autora dando ênfase na necessidade de atuação do Departamento Jurídico da empresa neste processo de auxílio ao atendente, pois será ele que definirá os nortes de atuação e guiará o atendimento nos termos da legislação.

Menciona, por fim, estatísticas da empresa Natura, as quais demonstram que o SAC – Serviço de Atendimento ao Consumidor – da empresa é responsável pela solução amigável em mais de 90% (noventa por cento) das reclamações.

## 14. A VULNERABILIDADE NO COMÉRCIO ELETRÔNICO

A vulnerabilidade do consumidor, fenômeno clássico de proteção, é agigantada quando aplicada à contratação por meio eletrônico. Isto porque a oferta, causadora da compra de maneira desenfreada e irracional, coloca o consumidor diante de inúmeras vantagens na aquisição do produto ou serviço.

A publicidade é veiculada através de sons, imagens, fotografias, vídeos; enfim, todo e qualquer material que incentive o consumidor a comprar aquele produto é imediatamente utilizado.

Nos dizeres de Cláudia Lima Marques[167], quando se reporta à pressão da compra sofrida pelo consumidor:

> *A contratação é a distância, e esta distância televisiva ou telemática traz uma nova espécie de pressão (zwang). Não a pressão do vendedor em sua porta, mas do fato desta estar dentro de sua casa, no seu trabalho, no seu espaço privado, nas suas férias, atemporalmente, dia e noite, em todos os lugares do mundo, onde a oferta negocial puder ser acessada ou vista.*

---

[167] Cláudia Lima Marques. **Confiança no Comércio Eletrônico e a Proteção do Consumidor: um estudo dos negócios jurídicos de consumo no comércio eletrônico.** São Paulo: Revista dos Tribunais, 2004, p. 153.

Percebe-se, portanto, que a contratação a distância, a compra de um produto ou aquisição de um serviço de um fornecedor "sem rosto", sem qualquer identificação material, gera imensa insegurança ao consumidor, que sequer sabe com quem está contratando.

Quando contrata com o fornecedor virtual, o que o consumidor vê é uma marca, um nome comercial, uma imagem.

Neste tipo de contratação, a vontade das partes é a mesma daquela tradicional, a convergência das vontades é a mesma, o que difere é a forma de contratação, esta imaterial e transmitida de um computador para outro.

## 14.1. Assimetrias[168] entre Fornecedores e Consumidores

Disparidades entre consumidor e fornecedor são características intrínsecas às relações de consumo, como já mencionamos. Destarte, destaquemos algumas disparidades em negócios jurídicos pela Internet.

1) **Assimetria econômica** – na economia tradicional existem diferenças socioeconômicas entre consumidores e fornecedores, diferenças estas que também existem na economia virtual, ensejando normas de proteção efetiva ao consumidor. É a denominada proteção ao economicamente hipossuficiente;

2) **Assimetria informativa quanto ao objeto** – disparidades quanto ao volume de informação referente ao produto ou serviço oferecido, são os vícios por falha de informação;[169]

---

[168] Características citadas por Ricardo L. Lorenzetti. **Comércio Eletrônico**. Tradução de Fabiano Menke. São Paulo: Revista dos Tribunais, 2004, p. 363/364.

[169] De fundamental importância nesse sentido o art. 4º do Projeto de Lei nº 1.589/99, o qual dispõe que a oferta deve conter claras e inequívocas informações sobre: a) nome o ofertante (bem como sua inscrição no cadastro geral do Ministério da Fazenda e no órgão fiscalizador, no caso de serviço sujeito à profissão regulamentada); b) endereço físico do estabelecimento; c) identificação e endereço físico do armazenador; d) meio pelo qual é possível contatar o ofertante, inclusive

3) **Assimetria tecnológica** – diferença cognitiva correspondente ao meio empregado. O fornecedor normalmente domina a Rede muito melhor do que o consumidor. Além das dificuldades de contratação tradicionais, o meio empregado dificulta a simetria entre as partes.

Dentre as particularidades citadas, o *marketing* agressivo é acentuado na Internet, com publicidade dentro da casa do consumidor, criando expectativas e comportamento de consumo irresistíveis.

Portanto, as desigualdades que existem entre as partes são agravadas quando falamos de relações de consumo via Internet, consistindo em verdadeiras disparidades entre os interesses e as características das partes.

## 15. O PRINCÍPIO DA BOA-FÉ NO COMÉRCIO ELETRÔNICO

Na sociedade de informação, principalmente no comércio eletrônico, o princípio da Boa-fé deve ser observado com amplo destaque, pois deriva de ordem moral e deve reinar em toda relação humana.

Quando falamos de contratação eletrônica de consumo (B2C) devemos ter em mente a primordialidade do princípio da Boa-fé.

Nesse sentido a lição de Maria Eugenia Finkelstein,[170] que menciona dois motivos de proteção direta do consumidor, sendo o primeiro deles a aplicação do Código de Defesa do Consumidor e o segundo o princípio geral da Boa-fé.

Considerando que a Boa-fé é um princípio que engloba norma de caráter geral de conduta, há que se observar que, apenas nos casos concretos e à interpretação do julgador, dar-se-á sua aferição, já que não é critério de avaliação exclusivamente técnico.

---

correio eletrônico; e) o arquivamento do contrato eletrônico, pelo ofertante; f) instruções para o arquivamento e recuperação do contrato pelo aceitante; g) os sistemas de segurança empregados.

[170] Maria Eugenia Finkelstein. **Aspectos Jurídicos do Comércio Eletrônico**. Porto Alegre: Síntese, 2004, p. 237.

São os aspectos sociais, culturais e comerciais que irão moldar a conduta esperada das partes, cabendo a análise, exclusivamente, ao julgador.

Exemplo interessante nos traz Lorenzetti,[171] quando, ao comentar sobre a aplicabilidade da teoria da aparência e confiança nos contratos eletrônicos: ao embarcarmos no avião não revisamos os controles do aeroporto nem mesmo a capacidade do piloto; e, ao contratar pela Internet, não fazemos uma pesquisa sobre a situação financeira do ofertante, sobre o funcionamento das chaves, sobre o sistema de segurança nas transações, dentre outros aspectos. Supomos sempre que alguém já se ocupou para que estes recursos funcionem. Característica peculiar é que "esse alguém" não é uma pessoa que aparece diante do consumidor, é um sistema indestrinçável, de complexidade técnica que causa perplexidade; é anônimo. A confiança é gerada em razão da marca que envolve, pelo respaldo técnico e pelo funcionamento reiterado.

A Boa-fé objetiva é essencial a todo e qualquer tipo de contratação, destarte, nas contratações por meio eletrônico tem importância redobrada, já que o contato físico e pessoal entre as partes inexiste. É a Boa-fé objetiva que faz surgir a vontade de contratar e possibilita a conclusão do negócio, já que não existem meios de certificação sobre idoneidade da outra parte, não há como saber se terá condições de adimplir as obrigações assumidas.

Ao fornecedor cabe agir com lealdade, colocando à venda produtos que realmente tenha no estoque, entregando-os no prazo contratado, de maneira segura e eficiente.

O consumidor, por sua vez, deverá agir da mesma maneira, cumprindo os deveres assumidos, pagando o preço e prestando informações condizentes com a realidade.

Aqui é importante mencionar que a Boa-fé objetiva é conduta inerente e esperada tanto do fornecedor quanto do consumidor. A má conduta do fornecedor é a que geralmente salta aos olhos e tem maior divul-

---

[171] Cf. Ricardo L. Lorenzetti. *op. cit.*, p. 374.

gação, contudo, não raro vemos casos em que é o consumidor que abusa dos Direitos a ele conferidos.[172]

Ronaldo Alves de Andrade[173] cita dois casos em que consumidores agiram de má-fé, ambos adquirindo produtos pela Internet e utilizando o direito de arrependimento. Em um primeiro exemplo o consumidor adquiriu um grande número de CDs de músicas, gravando todas aquelas que lhe interessavam e devolvendo os produtos em seguida. Já no segundo caso o consumidor adquiriu um veículo pelo *site* da montadora, utilizou-o e, dias depois, devolveu exigindo o dinheiro de volta (neste caso a montadora deixava clara a opção de o consumidor utilizar-se do veículo durante o *test drive* em qualquer concessionária).

Casos em que a Boa-fé objetiva não é observada são inúmeros na jurisprudência. Sempre irão existir aqueles que não zelam pela conduta ética e moral que deles se espera. O que não pode ocorrer é a modificação de direitos, conferidos às partes e já consolidados, em razão da má-fé na conduta de parte de consumidores.

---

[172] Interessante acórdão extraído do Tribunal de Justiça do Rio Grande do Sul relata tentativa de oportunismo de um consumidor, que buscava cumprimento forçado de publicidade pela Internet, com erro grosseiro.
Disponível em: http://www.tj.rs.gov.br/*site*_php/jprud2/ementa.php
  "*Consumidor. Oferta. Vinculação. Erro. Preço irrisório de bem de consumo. Ar condicionado de 30.000 btus oferecido na Rede da Internet, no site da loja Submarino.com pelo valor de R$ 3,00. Aplicável à espécie os princípios da Boa-fé, equilíbrio e a vedação ao enriquecimento sem causa, os quais afastam a obrigatoriedade da oferta constante do art. 30 e 35, inciso I, do CDC. RECURSO PROVIDO.*" (*Recurso Cível Nº 71000650705, Terceira Turma Recursal Cível, Turmas Recursais – JEC, Relator: Maria José Schmitt Santanna, Julgado em 31/05/2005*)

[173] Ronaldo Alves de Andrade. **Contrato Eletrônico no Novo Código Civil e no Código do Consumidor**. Barueri. São Paulo: Manole, 2004, p. 107. Aqui o autor fala da má-fé na conduta dos consumidores, motivo pelo qual não devem gozar do Direito de arrependimento.

## 16. O PRINCÍPIO DA CONFIANÇA

Confiança é o passo inicial de qualquer relação entre indivíduos, é elemento central da vida em sociedade, base de qualquer relação, principalmente a contratual.

A evolução do Direito privado mostrou que o princípio da Boa-fé é corolário das relações de consumo, foi este princípio que guiou o Direito privado e, em especial, o Direito do Consumidor. A confiança, nesse sentido, é paradigma-mãe da Boa-fé.[174]

Nesse sentido o relatório da *Consumers International*, publicado em setembro de 1999:[175]

> *O mercado eletrônico que tenha como base adequados princípios de proteção do consumidor, é provável que seja um mercado onde a efetiva concorrência possa funcionar. Se os consumidores tiverem a possibilidade de comprar com confiança, eles provavelmente comprarão mais, e utilizarão o seu poder de compra para aumentar a concorrência. Num mercado onde os consumidores tenham pouca ou nenhuma confiança, eles nada comprarão, ou demonstrarão a tendência de adquirir marcas reconhecidas que confiam, inibindo, por conseguinte, o surgimento de novas empresas. Teoricamente, a Internet apresenta uma oportunidade ideal para o florescimento de um novo tipo de concorrência, já que proporciona aos consumidores o acesso a uma escolha mais ampla de fornecedores em comparação com a oferecida pelas lojas atuais. É essencial assegurar que os direitos*

---

[174] Cláudia Lima Marques. **Confiança no Comércio Eletrônico e a Proteção do Consumidor: um estudo dos negócios jurídicos de consumo no comércio eletrônico.** São Paulo: Revista dos Tribunais, 2004, p. 47.

[175] Cf. Ricardo L. Lorenzetti. **Comércio Eletrônico**. Tradução de Fabiano Menke. São Paulo: Revista dos Tribunais, 2004, p. 359.

*dos consumidores no que toca à segurança, qualidade, informação, privacidade, escolha e indenização sejam mantidos no ambiente* on-line, *caso se espere que estes benefícios teóricos sejam adequadamente compreendidos.*

É a confiança que irá tornar possível a contratação eletrônica, pois é com base na aparência do conteúdo da imagem, som, informação, no *click* e na presença confiável de um ser humano por trás da máquina que os negócios jurídicos se concretizarão e serão perenizados.

## 16.1. Fases da Confiança nos Negócios Virtuais

Adotemos a classificação de três fases negociais[176], fundamentais para estabelecimento da confiança na contratação, sendo:

**1) Momento de aproximação negocial;**
É a fase pré-contratual, na qual o consumidor deve estar seguro da forma que se realizará o contrato, deve ser informado de todos os passos da realização do negócio, da maneira que será conduzido ao aceitar a proposta e, finalmente, de que não sofrerá com nenhum tipo de prática abusiva ou ataque de nenhum tipo (como a invasão por *hackers*, instalação de vírus, *softwares* espiões e armazenagem indevida de *cookies*);

**2) Fase da formação propriamente dita do consenso;**
É a oportunidade que o fornecedor tem de cativar a confiança do consumidor, pois um indício de confiança despontou, já que, ao se aproximar da oferta optou pela permanência do *website* e pela exploração de seu conteúdo. Aqui o fornecedor deve observar o pleno dever de informação, acrescido de todas as características imbuídas no princípio da Boa-fé, como de cooperação, transparência e cuidado com o consumidor. Na realidade, o fornecedor deve usar de estratégias de *marketing*

---

[176] Cláudia Lima Marques. *Op. cit.*, 2004, p. 141.

para compensar a ausência de contato pessoal para demonstrar a Boa-fé e despertar a plena confiança do consumidor.

Esta confiança pode ser demonstrada com ostensividade e clareza nas informações, deixando o consumidor optar pela compra no momento e oportunidade que achar melhor, sem forçar opções e *clicks* que este ainda não deseje.

Também a prova de realização das operações é imprescindível, tanto quando realizadas com sucesso ou com tentativas frustradas. O fornecedor deve, portanto, facilitar a prova do consumidor, fornecendo documentos no momento de cada autenticação da transação, preferencialmente de maneira personalizada, com timbres, símbolos e certificações, por exemplo.

### 3) Fase da realização do negócio

É a fase decisiva da contratação. Imprescindível e fundamental a observância do princípio da Boa-fé, pois é nesta fase que as informações sobre as características do negócio serão finais e conclusivas para o curso satisfatório da fase contratual e pós-contratual.

Sabemos que o dever de Boa-fé engloba os deveres implícitos de cooperação e lealdade, entre outros. Agir com cooperação, neste particular, significa proporcionar todos os meios de informação complementares e necessários ao consumidor.

Ao aceitar a contratar pela Internet, o consumidor deve ter acesso a todas as informações acessórias, como prazo de entrega, condições detalhadas de pagamento e maneira de entrar em contato com o fornecedor (aqui incluindo endereço eletrônico, telefone e endereço).

Ademais, o consumidor deve saber todos os procedimentos no caso de devolução do bem, como prazo e endereço de envio e, por fim, deve ter ciência de todos os custos da operação, inclusive sobre fretes e taxas de envio e correios.

Também deve ter a opção de não concluir o negócio caso tenha clicado em local errado, assim como de imprimir todos os protocolos de certificação.

Cláudia Lima Marques[177], ao transcrever as palavras do grande jurista Pontes de Miranda, bem define a importância de observância da Boa-fé, que fará surgir a confiança do consumidor.

> *Desta citação do grande jurista, bem se retira que 'Boa-fé' e 'confiança' são duas faces da mesma moeda, ou dois 'pontos de vista' de um só fenômeno social: um concentrado na atuação, valorando a lealdade na conduta segundo os usos do tráfico jurídico e, outro, no resultado, reflexo social ou no efeito de nascimento de direitos e deveres.*

E ainda prossegue:

> *Da conduta valorada ou examinada nascem relações 'jurídicas de confiança', logo, regular estas relações jurídicas criadas pela Boa-fé é proteger a confiança!*

Trazendo os deveres anexos da Boa-fé ao comércio pela via eletrônica, podemos citar, principalmente, os deveres de informar, de diligenciar com cuidado e de cooperar. Lembramos que a informação vincula o fornecedor à oferta.

Além dos deveres pertinentes à aplicabilidade do Código de Defesa do Consumidor, em matéria de informação podemos citar, outrossim, os artigos 31 e 32 do Projeto de Lei n° 4.906/01, que são dedicados à questão da oferta no comércio eletrônico.[178]

---

[177] Cláudia Lima Marques. *Op. cit*, p. 155.

[178] *"Art. 31: A oferta de bens, serviços ou informações por meio eletrônico deve ser realizada em ambiente seguro, devidamente certificado, e deve conter claras e inequívocas informações sobre: I – nome razão social do ofertante; II – número de inscrição do ofertante no respectivo cadastro geral do Ministério da Fazenda e, tratando-se de serviço sujeito a regime de profissão regulamentada, o número de inscrição no órgão fiscalizador ou regulamentador; III – domicílio ou sede do ofertante; IV – identificação e sede do provedor de serviços de armazenamento de dados; V – número*

As informações no comércio eletrônico, via de regra, dizem respeito a preços, condições de pagamento e prazos de entrega que aparecem na tela do consumidor quando acessa o *site*. Deve o fornecedor, agindo com cautela e Boa-fé na oferta, proceder a atualizações periódicas do conteúdo publicado.

## 16.2. Segurança na Internet

O objetivo primordial da segurança na Rede é obter a privacidade de dados e segurança na transmissão da informação, com garantia de integridade dos dados.

Para assegurar que as relações eletrônicas sejam seguras e confiáveis é necessário distinguir os três pontos da relação eletrônica: A parte humana, a parte eletrônica e a parte física. Portanto em uma relação eletrônica é imprescindível que as partes atendam a requisitos de segurança, pois se houver falha em um dos lados, toda a operação poderá ser falha.

Os conhecidos *Hackers*[179] são indivíduos com alta capacidade técnica. Estas pessoas são capazes de implantar pequenos *softwares* que são

---

*de telefone e endereço eletrônico para contato com o ofertante, bem como instruções precisas para o exercício do Direito de arrependimento; VI – tratamento e armazenamento, pelo ofertante, do contrato ou das informações fornecidas pelo destinatário da oferta; VII – instruções para arquivamento do contrato pelo aceitante, bem como para sua recuperação em caso de necessidade; e VIII – sistemas de segurança empregados na operação."*

*"Art. 32: Para o cumprimento dos procedimentos e prazos previstos na legislação de proteção e defesa do consumidor, os adquirentes de bens, serviços e informações por meio eletrônico poderão se utilizar da mesma via de comunicação adotada na contratação para efetivar notificações e intimações extrajudiciais; § 1º Para os fins do disposto no* caput *deste art., os ofertantes deverão, no próprio espaço que serviu para o oferecimento de bens, serviços e informações, colocar à disposição dos consumidores área específica, de fácil identificação, que permita o armazenamento das notificações ou intimações, com a respectiva data de envio, para efeito de comprovação; § 2º O ofertante deverá transmitir uma resposta automática aos pedidos, mensagens, notificações e intimações que lhe forem enviados eletronicamente, comprovando o recebimento."*

179 Vale ressaltar que, atualmente, existe uma diferenciação no conceito de *hacker*, com a criação da figura do *cracker*. O *hacker* invade sistemas com motivação filosófica ou política, variando para cada indivíduo. Não causa danos ao sistema

verdadeiros espiões, ladrões de informação. Dedicam-se a atividades consideradas, ao menos no âmbito social e moral, reprováveis.[180]

Os ataques podem ocorrer diretamente à parte física do sistema eletrônico. Destarte, a segurança advém do conjunto de procedimentos que visam a resguardar a segurança como um todo. Não existe uma Rede impenetrável, indestrutível, infalível, mas existe a segurança reforçada, eficiente, controlada.

### 16.3. Importância da Segurança na Confiança

Com o intuito de evitar que o consumidor tenha seu sistema invadido durante uma transmissão de dados ou que, de alguma maneira, sofra prejuízos de ordem patrimonial ou moral em virtude da contratação eletrônica, vários meios de proteção do negócio eletrônico têm sido utilizados pelos fornecedores.

São alternativas de tecnologia que propiciam maior segurança ao consumidor que, sabendo do investimento e do interesse do fornecedor em proporcionar segurança à relação, obtém maior confiança naquela transação, realizando mais compras e dedicando maior atenção à contratação pela Internet.

Aqui podemos citar várias tecnologias de segurança que vêm sendo aplicadas e desenvolvidas no campo do comércio eletrônico, como as técnicas de criptografia, segurança na conexão, sistemas de proteção ao ataque de *hackers*, antivírus, chaves públicas e privadas, certificadores e árbitros virtuais.[181]

---

informático, apenas avisa os responsáveis que os sistemas são vulneráveis. Já o *cracker* dedica-se a invadir sistemas informáticos vulneráveis para apropriar-se de dados e informações, utilizando-os de maneira reprovável do ponto de vista moral, ético e legal.

180 Nesse sentido Marcelo Cardoso Pereira. **Direito à Intimidade na Internet**. Curitiba: Juruá, 2005, p. 231.

181 Em relação à solução de conflitos por arbitragem, vale mencionar que a cláusula só será válida com total anuência do consumidor, e será anulada se ferir um de seus Direitos básicos.

Sabemos que a técnica de segurança mais utilizada atualmente emprega o uso de senhas pessoais. Mas a tecnologia empregada, como veremos, não é segura se comparada às exigências atuais do mercado.

Já mencionamos que um dos principais impedimentos para que os usuários pratiquem em maior escala o comércio pela Internet é a segurança na contratação.

As fraudes *on-line* são cada vez mais praticadas e divulgadas. O abuso nas transações eletrônicas representa impressionante prejuízo aos contratantes.[182] A lista de ilícitos abrange serviços de acesso à Internet, pornografia, vendas de equipamentos, produtos e *software*, empréstimos, cartões de crédito e mercadorias em geral.

Da mesma maneira, à medida que as transações eletrônicas se tornarem mais seguras, o comércio pela Rede mundial será expandido.[183]

Claro que sempre haverá pessoas dedicadas e encontrar falhas nos sistemas de segurança, não há como o comércio eletrônico ser 100% (cem por cento) seguro.[184]

---

[182] Cf. Maria Eugenia Finkelstein. **Aspectos Jurídicos do Comércio Eletrônico**. Porto Alegre: Síntese, 2004, p. 59. "Nos dez primeiros meses de 2001, as fraudes *on-line* custaram aos consumidores americanos US$ 4,3 milhões, o que representa 636 milhões de dólares por pessoa."

[183] Nesse sentido a lição de Finkelstein, *op. cit*,. p. 240: "Dentre vários impactos causados pela Internet na sociedade, o comércio eletrônico tem se destacado pela radical mudança de hábitos do consumidor. Grande parte dos consumidores ainda apresenta uma certa resistência em utilizar a via eletrônica de aquisição de produtos e/ou serviços. Entretanto, através da massificação de sistemas de segurança, esta resistência tende a ser derrubada."

[184] Nesse sentido art. baseado no *e-book*: "lojas virtuais, como vender na Internet". Disponível em http://www.e-commerce.org.br/Lojas_Virtuais.htm. Acesso em: 15 de julho de 2005.
   *"No mundo de cimento, costuma-se dizer que nada é 100% seguro, tanto assim que nas lojas tradicionais existe uma margem de perdas considerada aceitável pelos comerciantes. Na Internet esse princípio também é válido, mas é importante se precaver para minimizar o risco. Os problemas que ocorrem com mais frequência no caso das lojas virtuais são a clonagem da loja, invasão de sistemas e acesso a informações sigilosas. Problemas que são evitados com a certificação do site, encriptação das informações e outras medidas de segurança já acessíveis ao empreendedor na Internet."*

Mister mencionar que, no mundo atual, nem mesmo o comércio tradicional é completamente seguro. O consumidor está sujeito ao consumo de produtos defeituosos, falsificados. Podem não ter a mercadoria entregue em sua residência, ou, ainda que a tenham, pode ser recebida com atraso. Os comerciantes, por sua vez, estão expostos a fraudes praticadas pelos consumidores, podem não receber pelo produto vendido. O desafio é minimizar essas ocorrências no mercado virtual, tornando o ambiente o mais seguro possível.

O investimento dos fornecedores e provedores de *websites* é fundamental para que os índices de segurança aumentem, gerando maior confiança e crescimento do consumo pelo meio eletrônico.

Os grandes investidores da segurança nas transações eletrônicas são, no Brasil, os bancos e operadoras de cartões de crédito. Passemos a citar alguns dispositivos já implantados para aprimorar a segurança na Rede:[185]

   a) Controle de acesso, subdividido em autorização (processo de controle de direitos dos usuários, que utiliza ACLs[186]) e autenticação[187] (meio de certificação de que o usuário realmente é quem diz ser);

   b) *Firewall*, dispositivo de defesa composto por um sistema, ou conjunto de sistemas, que reforça o cumprimento de tráfego de dados entre duas ou mais Redes, permitindo somente tráfego de informações autorizadas;

   c) *Virtual Private Network – VPN*[188], tecnologia que permite troca segura de informações por meio de Redes públicas, utiliza criptografia e cria um túnel seguro;

---

[185] Nesse sentido a lição de Maria Eugenia Finkelstein. **Aspectos Jurídicos do Comércio Eletrônico**. Porto Alegre: Síntese, 2004, p. 61.

[186] Sigla que significa *Acess Control Lists*, lista de controle de acesso.

[187] O processo de autenticação pode ser apurado por 3 (três) métodos distintos: 1. identificação positiva, no qual o requerente demonstra conhecimento de alguma informação, como uma senha; 2. identificação proprietária, na qual o requerente demonstra possuir algo a ser utilizado no processo de autenticação, como um cartão magnético; 3. identificação biométrica, na qual o requerente exibe alguma característica própria, como a impressão digital, da palma da mão ou íris, por exemplo.

[188] Rede privada virtual.

**d)** Monitoramento de *log*, é o monitoramento de arquivos de registros gerados pelos serviços de Rede, procura por padrões que podem identificar o ataque de um intruso;

**e)** *Snnifers*, sistemas compostos por *hardware* e *software* que podem capturar, de forma passiva, informações destinadas a um outro dispositivo de um mesmo segmento da Rede;

**f)** Criptografia e assinatura digital, que são formas de segurança na transmissão de dados e identificação segura do usuário.[189]

## 16.4. Confiança Decorrente da Informação

A informação neste tipo de oferta deve obedecer ao disposto na lei e, ainda, dedicar atenção e cuidados redobrados na oferta, eis que o consumidor, além de necessitar de todas as informações que precisaria no caso de uma venda pessoal, sequer tem o produto em mãos para analisá-lo fisicamente. Muito pelo contrário, o que se vê na totalidade dos *websites* são fotografias dos produtos ou execução dos serviços, as quais, na esmagadora maioria das vezes, não traduzem o produto fielmente.

Técnicas de fotografia são empregadas para mascarar ou fazer com que o produto fique mais atrativo do que realmente é, isso sem falar das fotos *meramente ilustrativas*, que podem não conferir com as reais características do produto.

Neste particular destaca-se a confiança do consumidor. Ao acessar determinada loja virtual, selecionar um produto e optar por determinada compra, o consumidor acredita, sinceramente, que será aquele exato produto que será entregue em sua residência. Ao optar, por exemplo, pelo carrinho de bebê azul com acessórios protetores de sol para seu filho, a mãe não quer receber em casa um carrinho parecido, porém, vermelho e sem todos os acessórios, apenas porque aquela foto do anúncio era meramente ilustrativa.

A forma de pagamento de transações *on-line* também é um meio que exige extrema confiança do consumidor, afinal, qual a garantia que ele

---

[189] Vide item 14.1.

possui de que todas aquelas informações exigidas serão acessadas apenas pelo fornecedor e, ainda, de que nenhuma outra pessoa as interceptará no caminho digital que percorrerá?

Quando o consumidor opta por informar o número de seus documentos pessoais, e, principalmente, de seu cartão de crédito ou senha do banco, espera pagar o preço exigido de maneira segura, espera que apenas aquele valor seja retirado de sua conta para que, ao final, receba em sua residência o produto almejado.

Nesse sentido, informação[190] transparência e confiança se complementam. Quando as condições do contrato são colocadas de forma clara e transparente, a confiança do consumidor aumenta, eis que terá maior segurança no negócio jurídico.

## 17. A PRIVACIDADE DO CONSUMIDOR NA INTERNET

Outro aspecto fundamental influenciador da confiança do consumidor no comércio eletrônico é a privacidade, direito protegido constitucionalmente.

Dentre o volume de dados que trafega diariamente na Internet, encontram-se informações pessoais sobre consumidores. Ao realizar uma compra pelo computador, o usuário deve antes se cadastrar, oportunidade

---

[190] Mister mencionar que informação é um dos princípios que devem ser observados pelo fornecedor em qualquer situação. Vejamos:
*"Art. 30: Toda informação ou publicidade, suficientemente precisa, veiculada por qualquer forma ou meio de comunicação com relação a produtos e serviços oferecidos ou apresentados, obriga o fornecedor que a fizer veicular ou dela se utilizar e integra o contrato que vier a ser celebrado."*
*"Art. 31: A oferta e apresentação de produtos ou serviços devem assegurar informações corretas, claras, precisas, ostensivas e em língua portuguesa sobre suas características, qualidade, quantidade, composição, preço, garantia, os prazos de validade e origem, entre outros dados, bem como sobre os riscos que apresentam à saúde e segurança dos consumidores."*
*"Art. 46: Os contratos que regulam as relações de consumo não obrigarão os consumidores se não lhes for dada a oportunidade de tomar conhecimento prévio de seu conteúdo, ou se os respectivos instrumentos forem redigidos de modo a dificultar a compreensão de seu sentido e alcance."*

na qual insere dados como nome, endereço, números de documentos e cartões de crédito.

A invasão dos sistemas e a posse destes dados por outras pessoas, que não o fornecedor, podem causar prejuízos imensuráveis ao consumidor, que, muitas vezes, tem sua privacidade violada por falha na segurança das transações.

A Internet é um espaço monitorado durante todo o tempo, 24 horas por dia, sete dias por semana, monitoramento este realizado pelos provedores e órgãos governamentais, buscando conferir segurança e coibir a prática de ilícitos.

Vale ressaltar que os principais coletores de informações da Rede são, justamente, os *sites* de comércio eletrônico.

Destaquemos 3 (três) pontos ligados à segurança no tráfego de informações e violação de privacidade[191]:

    **a)** A privacidade do usuário invadida pelo volumoso envio de *junk mails*[192] ou *spams*[193], que o usuário recebe sem solicitação;

    **b)** A privacidade garantida constitucionalmente[194], a qual inclui a inviolabilidade de correspondência e de dados de comunicação telefônica, salvo por determinação judicial;

    **c)** A privacidade do usuário em si, vez que muitas vezes seus dados pessoais, como preferências íntimas e hábitos de consumo, são comercializados.

Quando o consumidor opta por comprar através da Internet precisa confiar no fornecedor, diga-se, que nem conhece. Precisa ter a certeza de

---

[191] Cf. Maria Eugenia Finkelstein. **Aspectos Jurídicos do Comércio Eletrônico**. Porto Alegre: Síntese, 2004, p. 141.

[192] Mensagem de correio eletrônico enviada a muitos destinatários ao mesmo tempo, sem solicitação e de conteúdo impróprio.

[193] Mensagem de correio eletrônico enviada a muitos destinatários ao mesmo tempo, sem solicitação prévia, com conteúdo comercial.

[194] Art. 5º, incisos X, XI e XII.

que as informações que ali deposita serão utilizadas apenas para a concretização do negócio e o envio do produto ou do serviço solicitado.[195]

Muitas vezes estes dados obtidos pelo fornecedor na transação eletrônica são comercializados com outras empresas, que não os coletou inicialmente. São formados, então, verdadeiros bancos de dados acerca de seus usuários. Neles podem ser localizados dados pessoais, patrimoniais e preferências de consumo, o que é preocupante, já que nem o próprio usuário nem o Poder Público têm acesso à formação, destinação e utilização destas informações.

### 17.1. Valores Constitucionais do Tráfego de Informação

Com o grande volume de informações e a possibilidade de acesso a qualquer pessoa, de qualquer lugar do mundo, foi necessário trazer à baila fundamentos constitucionais, formalizando as operações virtuais.

No caso das contratações via Internet, especial atenção se deve à proteção conferida pela Lei 8.078/90, que, à luz dos artigos 5º, XXXII e 170, V da Constituição Federal, passou a ter aplicação efetiva às relações de consumo na Rede.

Também aqui merece especial atenção o princípio protetivo da Boa-fé objetiva e da dignidade da pessoa humana, que, conforme tudo que já fora exposto, conferem normas de conduta ligadas ao dever de retidão e lealdade nas contratações.

Neste particular, os usuários devem ter confiança naquelas contratações, cabendo ao provedor identificar todos que penetram no vasto espaço virtual, contudo, ao passo que devem identificar cada usuário para fins

---

[195] Nesse sentido a preocupação do legislador no projeto de Lei nº 1.589/1999, o qual dispõe no art. 5º:
*"O ofertante somente poderá solicitar do destinatário informações de caráter provado necessárias à efetivação do negócio oferecido, devendo mantê-las em sigilo, salvo de prévia e expressamente autorizado a divulgá-las ou cedê-las pelo respectivo titular. § 1º A autorização de que trata o caput deste art. constará em destaque, não podendo estar vinculada à aceitação do negócio. § 2º Responde por perdas e danos o ofertante que solicitar, divulgar ou ceder informações ou violação ao disposto neste art."*

de segurança deles mesmos, devem resguardar o direito à privacidade, no qual instaura-se tênue liame nos deveres dos provedores, que serão estudados adiante, quando nos reportarmos às modalidades e formas de conferir segurança às contratações.

## 17.2. Os COOKIES [196]

A utilização de *cookies* é a prática mais condenável em matéria de publicidade via Internet. *Cookies* são programas que registram passos do usuário da Internet sem que ele saiba, fazendo com que o *site* voltado ao comércio eletrônico possa criar verdadeiros bancos de dados sobre costumes e preferências do internauta, os quais têm grande valor no *marketing*. Sem dúvida, a prática pode ser considerada como invasão de privacidade, devendo ser duramente reprimida.

A ocultação deste tipo de programas é, infelizmente, uma prática comum dos *webmasters*[197], a fim de que possam obter informações sobre seus visitantes.[198]

## 18. PERSPECTIVAS DO COMÉRCIO ELETRÔNICO

A doutrina e a jurisprudência já consagraram o sucesso legislativo do Código de Defesa do Consumidor. A proteção do hipossuficiente e o equilíbrio das relações de consumo são realidades cotidianas, nas quais

---

[196] Cf. Patrícia Peck. **Direito Digital**. São Paulo: Saraiva, 2002, p. 248: São absorventes de texto com informações sobre o comportamento dos usuários na Rede. Permitem que servidores gravem informações de seu interesse em outro microcomputador remoto. Podem ou não ser configurados no *browser*.

[197] *Web*master é o gerenciador, responsável técnico pelo conteúdo, guarda e manutenção das informações do *website*.

[198] Cf. Amaro Soares da Silva Neto. **E-mails Indesejados à Luz do Direito**. São Paulo: Quartier Latim, 2002. Em 2001, o *site Submarino* passou a utilizar *cookies* que, ao depois de analisados por um *software* desenvolvido por suas equipes técnicas, passavam a enviar mais de meio milhão de *spams* para os clientes cadastrados. A empresa *Lojas Americanas* também adotou o sistema, entre outras companhias brasileiras.

a equidade e a justiça contratual são restabelecidas e aplicadas, mormente quando o judiciário interfere nas relações entre consumidores e fornecedores.

Porém, as conquistas alcançadas nas relações tradicionais devem ser trazidas para o comércio eletrônico de consumo.

Para tanto, é necessário rememorar os princípios que fundam a ordem econômica constitucional, observar a liberdade de comércio, popularizar e regularizar o meio digital, proteger a capacidade postulatória, probatória e a privacidade das partes, adaptando as normas existentes e criando as que se fizerem necessárias.

Informação e transparência, aliadas à garantia de segurança tecnológica, são requisitos essenciais na obtenção da confiança das partes.

Indiscutível que o consumo virtual irá crescer em progressão geométrica nos próximos anos, norteará as ações das empresas e será absorvido, definitivamente, pelos mercados consumidores. Destarte, a educação para o consumo virtual e a adequação legislativa são critérios que devem ser observados e analisados.

## 18.1. Números e Tendências do Comércio Eletrônico

Segundo dados fornecidos pela Câmara Brasileira de Comércio Eletrônico[199], cerca de 25 milhões de brasileiros já têm acesso à Internet, dentre os quais 2,5 milhões são passíveis de realizar compras através da Rede mundial.

Só no ano de 2003 foram consumidos através da Internet cerca de 5,1 bilhões de reais, o que significa vultoso consumo de pessoas que confiaram em um fornecedor "virtual", pagando a quantia pelo fornecimento de produtos e serviços, cujas compras foram realizadas de suas residências, escolas ou trabalho.

Pesquisas mostram que o volume comercializado pela via eletrônica correspondeu, em 2004, a 4,22% do total movimentado por negociações

---

[199] Disponível em http://www.ideco.com.br/art.s.php?Ntx_id=22. Acesso em: 15 de julho de 2005.

no país, quantia esta que, se comparada a 2003 e 2004, aumentou 103%. Comparados os números de 2004 aos de 1999, o crescimento atinge surpreendentes 10.450%.[200]

## 18.2. Educação para o Consumo Virtual

Da mesma maneira que organizações não governamentais e órgãos administrativos orientam os consumidores a adquirirem produtos e serviços de maneira segura, é necessário que consumidores virtuais tenham consciência de que este tipo de comércio apresenta peculiaridades e que, não raro, trazem incompatibilidade de interesses e cláusulas prejudiciais ao aderente.

A aceitação é externada através de um simples *click* de *mouse*, facilidade esta que, na maioria das vezes, induz à contratação por impulso. Ao navegar pela Internet, o usuário deve estar ciente de que será exposto à variada gama de ofertas, promoções e compras imperdíveis. A vontade de adquirir um CD ou um novo livro, por exemplo, torna-se muito mais convincente quando a oferta é acompanhada de sons, imagens e cores.

Não basta que as empresas invistam em tecnologia de ponta, sistemas de segurança infalíveis e formas seguras de transmissão de dados se o consumidor não manifestar a vontade de acordo com seus interesses legítimos.

O comércio eletrônico seguro só será alcançado quando consumidores tiverem consciência das consequências e efeitos da aceitação, pois é o que irá fazer com que o consumo pela Internet cresça e respeite os direitos das partes.

---

[200] Dados fornecidos pela 7ª edição da pesquisa "Comércio Eletrônico no Mercado Brasileiro", da FGV-Eaesp (Escola de Administração de Empresas de São Paulo da Fundação Getúlio Vargas). Disponível em http://www.plannersbrasil.com.br/noticias_comercio.html#. Acesso em: 15 de julho de 2005.

## 18.3. Precauções nas Contratações

Conforme tudo o que já fora estudado, sabemos que as relações comerciais pela Internet, quando envolvem relações de consumo, são eivadas de abusos e práticas abusivas, o que acaba por abalar a confiança do consumidor e afastá-lo deste tipo de contratação, pois têm receio de ataques (por *hackers*), de roubo de dados ou armazenagem indevida de informações.

Contudo, ao contrário do que pode parecer em um primeiro momento, o fornecedor também é prejudicado nas fraudes praticadas por *hackers* e usuários de má-fé.

As compras realizadas pela Internet através do fornecimento de dados falsos na aquisição de bens e serviços são exemplos disto. É claro que existem incontáveis transtornos que prejudicam o indivíduo lesado, que teve suas informações utilizadas indevidamente. No caso de uso de cartão de crédito, por exemplo, após a comprovação de que foi vítima de fraude, o consumidor lesado tem os valores estornados pela operadora, o que já não ocorre com o fornecedor, que jamais irá reaver a mercadoria e os custos gerados pela entrega a terceiros.

Não obstante o consumidor também sofre por fraudes e falhas no sistema, ocorridas quando realiza uma compra pela Internet. Anúncios em classificados *on-line* de produtos vantajosos e em condições de pagamento imperdíveis são práticas corriqueiras na Rede, não raro vemos denúncias em jornais e na própria Internet sobre *sites* que hospedam este tipo de prática.

O roubo do número de cartões de crédito e senhas nas operações de *home banking* também é um dos problemas que mais afastam o consumidor eletrônico. Mas, ao contrário do que pensa a maioria dos consumidores, o desvio de dados do cartão de crédito é mais comum nas operações físicas,[201] quando a maior incidência de *clonagem* de cartões de crédito ocorre em postos de gasolina e lojas de material elétrico.

Existem alguns cuidados práticos que os consumidores podem e devem tomar quando trafegam na Rede, evitando a ação de estelionatários virtuais, dentre estes cuidados podemos citar:

1) Checar os dados das empresas junto aos órgãos oficiais de registro, no caso de empresas brasileiras junto ao SEBRAE e Junta Comercial;

2) Se houver disponibilidade, telefonar para a empresa e checar se os dados conferem com os levantados pelo consumidor;

3) Checar a titularidade do *site* no endereço da *web* competente, que no Brasil é www.registro.br;

4) Verificar se o *site* disponibiliza ambiente seguro de transação, este ambiente é identificado com um cadeado no lado inferior direito da tela de navegação;

5) Checar mensalmente as faturas do cartão de crédito, buscando identificar se as compras cobradas foram realmente efetuadas;

6) Verificar periodicamente os saldos das contas bancárias, pois com a utilização de *home banking*, *hackers* podem desviar valores indevidamente.

Questão que deve ser abordada é a inversão do ônus da prova,[202] já que a regra do Direito do consumidor será, sem dúvida, aplicada à contratação pela Internet. Neste particular, cumpre ao fornecedor armazenar

---

[201] Cf. Maria Eugenia Finkelstein. **Aspectos Jurídicos do Comércio Eletrônico.** Porto Alegre: Síntese, 2004, p. 303.

[202] Nesse sentido acórdão proferido pelo Tribunal de Justiça do Rio Grande do Sul, o qual versava sobre a produção de prova da contratação pela Internet:
"*Revisão de contrato de cartão de crédito – Compras via Internet – Ônus da prova – Dano moral – Ônus da prova da transação com o cartão de crédito, da administradora – Prova negativa. Presentes os requisitos do art. 159 do CCB, possível a indenização por dano moral. Valor fixado na sentença mantido. Negaram provimento aos recursos*" (TJRS, 19ª Câm. Cível, Apelação Cível 70003463148, rel. Des. Carlos Rafael dos Santos Junior, j. 28.05.2002).

todos os registros adequadamente. Algumas operações são recomendadas ao fornecedor virtual, dentre elas:
    1) Registro do *click* na tela de aceitação do consumidor;
    2) Registro de mensagens eletrônicas (*e-mails*) trocados;
    3) Registro e armazenagem de *e-mail* de confirmação do pedido;
    4) Cópia do recibo de entrega do produto ou serviço prestado;

A manutenção correta e segura destes registros é a única forma que o fornecedor tem de provar que agiu em observância dos direitos dos consumidores e dentro dos padrões de conduta regrados pela Boa-fé.

### 18.4. Projetos de Lei Sobre Comércio Eletrônico

Incensurável que o Código de Defesa do Consumidor é aplicável às contratações pela via eletrônica. Contudo, aquela proteção já alcançada pelos meios de contratação tradicionais corre o risco de tornar-se obsoleta no comércio pela Internet. São vários os projetos de lei que buscam disciplinar esta prática, como veremos a seguir.

As leis e projetos de leis relativas ao comércio eletrônico não excluem a aplicabilidade das leis de cunho protetivo do consumidor.

No Brasil existem, atualmente, três projetos de lei que tratam sobre o assunto em trâmite perante o Congresso Nacional. Todos estão em trâmite legislativo no Congresso Nacional, ainda não foram aprovados. São os seguintes projetos:
    1) Projeto de Lei nº 1.589 de 1999 (autoria de Luciano Pizzatto);
    2) Projeto de Lei nº 672 de 1999 (autoria de Lúcio Alcântara) e;
    3) Projeto de Lei nº 1.483 de 1999 (autoria do Dr. Hélio).

Mister mencionar que os projetos de Lei nº 1589/99 e nº 1.483/99 foram apensados perante o Senado Federal, dando origem ao projeto de Lei nº 4.906/01. Como os focos dos referidos projetos, contudo, são diversos, optamos por estudá-los separadamente.

O projeto de lei nº 1.589/99 foi elaborado pela comissão de informática da Ordem dos Advogados do Brasil, seccional de São Paulo. Os críticos o descrevem como o mais avançado dentre os projetos de lei que versam sobre comércio eletrônico no Brasil, eis que versa sobre validade do documento eletrônico e da assinatura digital.

Os principais pontos abordados são a obrigatoriedade da criação de ambiente seguro, definição de provedor e sua responsabilização e a regulamentação do sistema criptográfico de chave pública.

Referido projeto de lei segue o modelo sugerido pela Lei Modelo italiana [203], com segurança documental obtida pelo processo de chaves.

A principal crítica que se faz a este projeto é a preocupação com regulamentações técnicas. O legislador corre o risco de engessar o sistema jurídico quando descreve técnicas de cifragem e segurança, pois métodos tecnológicos atualmente modernos e eficazes podem tornar-se obsoletos.

Exemplo disso é a instituição de criptografia de chaves como instrumento de segurança, com a inserção de competência e regulamentação do cartório digital.

Se a tecnologia aplicada não fosse regulamentada, a princípio, novas tecnologias poderiam ser aplicadas imediatamente, através das regras preestabelecidas na lei.

Já o projeto de Lei nº 672/99 segue a linha sugerida pela Lei Modelo da UNCITRAL sobre comércio eletrônico. São seus principais pontos:

1) A definição de intermediário da relação, que é a pessoa que, em nome de outra, envia, recebe, armazena ou presta outros serviços com relação à mensagem;

---

[203] Nesse sentido, Guilherme Magalhães Martins. **Formação dos Contratos Eletrônicos de Consumo via Internet.** p. 12, que cita diretiva europeia 97/7/CE, de 20 de maio de 1997, a qual versa sobre vendas a distância com *marketing* direto, regulando o envio de propostas, malas diretas e aceitações por via eletrônica, compreendendo, entre outros, videotexto, televisão, telefax e computadores. Em relação à regulamentação jurídica na Internet, foram aprovadas recentemente, na comissão europeia, duas normas de grande importância, que são a Diretiva nº 1999/93/CE, de 13 de dezembro de 1999, relativa à firma eletrônica; e a Diretiva nº 2000/31/CE, de 08 de junho de 2000, que diz respeito aos serviços de sociedade da informação, em particular o comércio eletrônico.

2) O reconhecimento jurídico expresso a informações transmitidas eletronicamente;
3) Equiparação legal da mensagem eletrônica à informação escrita, desde que a informação eletrônica esteja disponível para consultas posteriores;
4) Equiparação da assinatura eletrônica à assinatura física de uma pessoa;
5) Expressa menção à possibilidade da celebração de contratos mediante a utilização de mensagens eletrônicas.

Como este projeto de lei adotou a Lei Modelo da UNCITRAL[204], limitou-se a regular e conferir validade ao comércio eletrônico, assim como aos negócios jurídicos concluídos através dele.

Equipara o comércio eletrônico ao tradicional, escrito, desde que o seu conteúdo fique disponível para consultas futuras, confere validade à identificação eletrônica, desde que utilizado método confiável.

No sentido de conferir validade ao negócio realizado de forma confiável, este projeto de lei é mais cauteloso e adequado do que citado anteriormente, de nº 1.589/99, pois não prevê a tecnologia a ser utilizada no reconhecimento da assinatura digital, pelo contrário, faculta às partes a escolha de qualquer uma, sendo que, em última instância o poder decisório é conferido ao juiz.

O legislador, sob este aspecto, criou verdadeiro tipo aberto, porquanto a tecnologia empregada pode ser futura, maneira mais adequada de legislar e passível de adaptação conforme o estado da técnica.

---

[204] Disponível em: www.uncitral.org/sp-index.htm. Acesso em: 11 de julho de 2005. Trata-se de lei modelo editada pela Comissão de Direito do Comércio Internacional da Organização das Nações Unidas da ONU, em 1996, que visava à uniformização de regras sobre comércio eletrônico. Propunha principais normas a serem adotadas nas legislações nacionais, inclusive com a previsão de deveres de lealdade e confiabilidade, próprios da Boa-fé contratual. Embora não tenha força obrigatória, representou um grande passo para adaptar o Direito ao fenômeno da era digital. Também em setembro de 2000 foi aprovada lei modelo da UNCITRAL acerca das assinaturas eletrônicas, a qual trouxe importantes disposições sobre certificados digitais e autoridades certificadoras.

O projeto do Senado reconhece juridicamente a possibilidade de realização de contratos pela Internet, mediante a utilização de mensagens eletrônicas para manifestar a oferta ou aceitação.

No que tange à autoria da mensagem eletrônica, o projeto de lei nº 672/99 estabelece que a mensagem se considera proveniente do remetente quando enviada por este ou por preposto seu, ou quando proveniente de sistema automático de envio de mensagem.

O artigo 23 do aludido projeto regula o momento de recebimento da mensagem eletrônica. Estabelece que a mensagem é considerada recebida quando ingressa no sistema de informação designado pelo destinatário, ou, não havendo, em outro sistema de informação do destinatário, ou, finalmente, em seu próprio sistema, quando o destinatário não dispuser de sistema de informação ao seu serviço.

Quanto ao lugar de celebração do contrato, considera-se remetida e expedida a mensagem eletrônica no local de seu estabelecimento, sendo que, em caso de haver mais de um estabelecimento, considera-se o local que guardar mais estreita relação com o negócio jurídico em questão.

É considerado local de celebração do contrato, de recebimento e envio da mensagem eletrônica, o da residência atual do remetente e do destinatário, e tendo, de outro lado, adotado a teoria da recepção, estabeleceu que o foro competente será, obrigatoriamente, o domicílio do consumidor.

# Algumas Conclusões

1) Ao estudar a Boa-fé objetiva restaram evidentes suas funções de interpretação legislativa e a criação de deveres anexos de conduta. Parecia conflitante, em princípio, adequar princípio do Direito Romano à forma de negócio jurídico tão recente, virtual. Todos os elementos formadores do comércio, então, tiveram que ser mencionados e estudados à luz do Direito Digital.

2) Quando falamos de comércio eletrônico de consumo, o fundamento constitucional de Proteção da Ordem Econômica deve ser, primordialmente, observado. Isto se justifica porque a economia é dinamizada pela atuação efetiva da Internet. Ao passo que a livre-iniciativa e desenvolvimento do *marketing* são protegidos, o Direito do consumidor, parte frágil e hipossuficiente na relação, também deve ser observado. A questão analisada reside, em princípio, em como incentivar a criação de mercados

virtuais e preservar o consagrado Direito consumerista, com adequação e proteção legal das partes.

**4)** A Boa-fé objetiva, princípio oriundo do Direito Romano, figura na interpretação como cláusula geral no sistema legislativo, norteando as relações contratuais e trazendo deveres de conduta. Nesse sentido, merecem destaque os deveres anexos de conduta, que obrigam as partes a agirem com diligência em todas as fases do contrato, desde a oferta, vinculativa em matéria de consumo, até o pós-contrato. É o agir conforme a lealdade, honestidade, diligência e retidão.

**5)** Importante marco na evolução do Direito foi a inserção de cláusulas gerais no sistema legislativo, que proporcionou ao magistrado a adequação da norma à época. A Boa-fé objetiva no sistema consumerista, nesse sentido, é essencial para a equidade contratual, principalmente em novos meios de realização de contratos.

**6)** Por seu turno, aliada à conduta do agir conforme ditames éticos, morais e legais, a segurança tecnológica exerce papel fundamental na obtenção e manutenção da confiança do consumidor. Confiar significa acreditar, crer sinceramente no objeto da relação jurídica. Atingir a confiança do consumidor virtual significa obter maiores números de vendas, impulsionar o comércio e toda a economia de mercado.

**7)** No entanto, os abusos praticados por fornecedores no mercado de consumo tradicional são ampliados na Rede Mundial, principalmente quando relacionados a práticas abusivas de publicidade e não cumprimento de ofertas veiculadas. Vale mencionar a total aplicabilidade do Código de Defesa do Consumidor em relação a negócios jurídicos virtuais.

Normas de proteção tradicionais continuam em plena eficácia, ainda que as relações sejam globalizadas e careçam de territorialidade definida.

8) Os contratos em geral, na realidade, continuam sendo aqueles tradicionais, regulados pelo Código Civil brasileiro. Apenas o que varia é o meio de formação e consecução daqueles, pois não são firmados sobre papel. Os documentos, por sua vez, não têm base física, instrumental de transcrição. Conferir validade a este é a função do sistema de criptografia e assinatura digital, já regularizado pela MP n° 2200/2001, sobre a qual pairam críticas técnicas e projetos de Lei. Acreditamos que a melhor solução é a aprovação do projeto de Lei n° 1.589/99, pois não há como disciplinar a tecnologia empregada, já que é dinâmica e sofre alterações constantes.

9) Com a utilização da tecnologia pelo comércio tradicional, as diferenças entre consumidores e fornecedores foram acentuadas, pois além das vulnerabilidades tradicionais acrescenta-se a tecnológica, decorrente do uso indiscriminado da tecnologia.

10) Os contratos foram modernizados e a declaração de vontade foi substituída por um *click*, a aceitação é manifestação expressada com o pressionamento de um botão virtual, dificultando a prova e o questionamento sobre o consentimento. A contratação entre presentes foi modificada, novidade esta acompanhada pelo novel Código Civil, com revisitação do conceito de simultaneidade. Em que pese respeitáveis opiniões em contrário, acreditamos que, quando houver simultaneidade, como em casos de *chats* e diálogos *on-line*, a regra aplicável é da contratação entre presentes, pois detalhes acerca do negócio podem ser discutidos. No entanto, quando a oferta é publicada e aguarda aceitação posterior (*clickwrap*) é aplicável a regra da contratação entre ausentes.

11) O lugar da contratação também é ponto de discussão doutrinária, pois se a Internet for considerada lugar a legislação aplicável, ao nosso ver, é inviável. De outra forma, acreditamos que a Internet deve ser considerada meio de contratação. Neste caso, aplicamos as normas tradicionais, lembrando que em relações de consumo será do domicílio do consumidor.

**12)** A publicidade ganha, outrossim, característica peculiar na Internet. A mídia inclui imagens, sons e interação, aumentando a influência sobre o consumidor e criando ambiente propício à compra por impulso. O direito de arrependimento, via de regra, é desrespeitado, cabendo ao consumidor exigir o respeito a seu direito, pois persiste mesmo na Internet.

**13)** Atualmente, a confiança dos consumidores e as transações eletrônicas de consumo ainda são tímidas, se comparadas ao mercado mundial. Acreditamos que o comércio virtual será expandido a partir do momento em que o consumidor tiver acesso a informações sobre segurança e tecnologia empregada. Do aspecto jurídico, imprescindível a criação de leis específicas sobre comércio eletrônico, que regulamente as peculiaridades ainda não disciplinadas, conferindo, outrossim, proteção específica às partes contratantes.

# ANEXO

---

## PROJETO DE LEI Nº 4.906, DE 2001
## (PLS Nº 672, DE 1999)

### (APENSADOS OS PROJETOS DE LEI Nº 1.483, DE 1999 E Nº 1.589, DE 1999)

**COMPLEMENTAÇÃO DE VOTO DO RELATOR**

Durante reunião da Comissão Especial, convocada para discussão e votação do nosso parecer, atendendo sugestões dadas por colegas da Comissão, procedemos aos seguintes ajustes em relação ao texto oferecido na reunião de 8 de agosto de 2001:

1. Foi incluída, nos arts. 2º e 24, a previsão de designação de uma autoridade certificadora raiz.
2. Foram excluídos os §§ 1º e 2º do art. 3º.

3. Foram modificados os textos dos arts. 4º e 5º, de forma a estabelecer distinção entre a validade jurídica de documento eletrônico certificado por autoridade certificadora credenciada e de documento submetido a outros procedimentos de verificação de autenticidade.
4. No art. 12, foram incluídas como informações obrigatórias do certificado o número de série e o prazo de validade. Foi, ainda, retirada a previsão de inclusão da data de nascimento do titular, por não ser exigida em todos os tipos de certificado emitidos para pessoa física. Nos casos em que seja necessária, será exigida na regulamentação, na forma do parágrafo único.
5. Foi incluído um inciso III no art. 13, exigindo que o titular tenha manifestado sua concordância com os dados constantes do certificado, por ocasião de sua emissão.
6. Foi modificado o art. 21, de modo a estabelecer a sujeição da autoridade certificadora credenciada à autoridade raiz, e permitir o credenciamento provisório, enquanto a autoridade certificadora raiz não assegurar a inserção do seu certificado raiz nos programas de computador, máquinas e equipamentos de acesso à Internet, de modo a preservar a interoperabilidade dos certificados emitidos pelas autoridades certificadoras credenciadas.
7. No *caput* do art. 24, adotou-se a expressão "Lei disporá sobre a criação de autoridade credenciadora", evitando-se vício de iniciativa e abrindo oportunidade para absorção da Medida Provisória editada pelo Poder Executivo tratando da matéria, no caso desta vir a ser aprovada pelo Congresso Nacional.
8. No art. 30, foi retirada a expressão "no que não conflitar com esta lei", assegurando a plena vigência do Código de Defesa do Consumidor.
9. Foram feitos os seguintes ajustes de redação:
    a. Na ementa e no art. 1º, foi retirada a expressão "validade jurídica", para simplificar a referência à lei.

b. Foi adotada a expressão "autoridade certificadora" em lugar de "entidade certificadora", para compatibilizar o texto com as recomendações, normas e acordos internacionais.
c. No art. 2º, inciso III, a palavra "cifragem" foi substituída pela palavra "criptografia", para melhorar a qualidade do texto.
d. No art. 2º, inciso IV, foi retirada a expressão "e oferecer ou facilitar serviços de registro e datação da transmissão e da recepção de documentos eletrônicos", por não ser esta uma atividade compulsória da autoridade certificadora.
e. Foi adicionada ao parágrafo único do art. 2º a expressão "acompanhará a evolução tecnológica".
f. No art. 9º, inciso I, substituiu-se a palavra "produziu" por "impugnou".
g. No art. 10 substituíram-se as expressões "ente certificante" por "autoridade certificadora" e "pessoa certificada" por "titular do certificado".
h. No art. 11, incisos I a III, foi feita correção da conjugação dos verbos e foi suprimida, no inciso III, a expressão "a serem exibidos em juízo, quando necessário", sendo esta transferida ao *caput*.
i. No art. 12, foi retirada a expressão "caso o certificado não seja diretamente apensado àquela" no inciso II (renumerado como inciso III).
j. No art. 13, a redação foi ajustada, incluindo-se no inciso II a expressão "e fazer uso exclusivo" e no inciso III a expressão "ou suspeita de quebra".
k. No art. 15 a palavra "signatário" foi substituída por "titular" e foi retirado o inciso II, pois a expiração do prazo de validade invalida o certificado, não demandando a sua revogação.
l. No art. 16, inciso V, foi adicionada a expressão "exigência de depósito", admitindo-se, portanto, o depósito da chave privada apenas por iniciativa do titular.

m. No art. 18, inciso I, a expressão "signatário da assinatura digital" foi substituída por "titular das chaves".
n. No art. 20, §§ 1º e 2º, a redação foi simplificada.
o. No art. 26, consolidou-se o *caput* com o inciso I e suprimiu-se o inciso II, por estar a medida já prevista no art. 28, inciso II.
p. No art. 31, inciso V, foi adicionada a expressão "bem como instruções precisas para o exercício do direito de arrependimento".
q. No art. 32, mudou-se a expressão "para eventual comprovação" pela expressão "para efeito de comprovação".

No mais, preserva-se o restante do texto de nossa autoria, apresentado na reunião de 8 de agosto de 2001.

Sala da Comissão, em 26 de setembro de 2001.
Deputado Júlio Semeghini
Relator

# SUBSTITUTIVO AO PROJETO DE LEI Nº 4.906, DE 2001 (PLS Nº 672, DE 1999)

## (APENSADOS OS PROJETOS DE LEI Nº 1.483, DE 1999 E Nº 1.589, DE 1999)

*Dispõe sobre o valor probante do documento eletrônico e da assinatura digital, regula a certificação digital, institui normas para as transações de comércio eletrônico e dá outras providências.*

O Congresso Nacional decreta:

## TÍTULO I
## DISPOSIÇÕES PRELIMINARES

Art. 1º Esta lei dispõe sobre o valor probante do documento eletrônico e da assinatura digital, regula a certificação digital, institui normas para as transações de comércio eletrônico e estabelece sanções administrativas e penais aplicáveis.

Art. 2º Para os efeitos desta lei, considera-se:

I – documento eletrônico: a informação gerada, enviada, recebida, armazenada ou comunicada por meios eletrônicos, ópticos, optoeletrônicos ou similares;

II – assinatura digital: resultado de um processamento eletrônico de dados, baseado em sistema criptográfico assimétrico, que permite comprovar a autoria e integridade de um documento eletrônico cifrado pelo autor com o uso da chave privada;

III – criptografia assimétrica: modalidade de criptografia que utiliza um par de chaves distintas e interdependentes, denominadas chaves pública e privada, de modo que a mensagem codificada por uma das chaves só possa ser decodificada com o uso da outra chave do mesmo par;

IV – autoridade certificadora: pessoa jurídica que esteja apta a expedir certificado digital;

V – certificado digital: documento eletrônico expedido por autoridade certificadora que atesta a titularidade de uma chave pública;

VI – autoridade credenciadora: órgão responsável pela designação de autoridade certificadora raiz e pelo credenciamento voluntário de autoridades certificadoras.

**Parágrafo único.** O Poder Público acompanhará a evolução tecnológica, determinando a aplicação das disposições constantes desta lei para a assinatura digital a outros processos que satisfaçam aos requisitos operacionais e de segurança daquela.

## TÍTULO II
## DO DOCUMENTO ELETRÔNICO E DA ASSINATURA DIGITAL

### Capítulo I – Dos efeitos jurídicos do documento eletrônico e da assinatura digital

**Art. 3º** Não serão negados efeitos jurídicos, validade e eficácia ao documento eletrônico, pelo simples fato de apresentar-se em forma eletrônica.

**Art. 4º** As declarações constantes de documento eletrônico presumem-se verdadeiras em relação ao signatário, nos termos do Código Civil, desde que a assinatura digital:

I – seja única e exclusiva para o documento assinado;

II – seja passível de verificação pública;

III – seja gerada com chave privada cuja titularidade esteja certificada por autoridade certificadora credenciada e seja mantida sob o exclusivo controle do signatário;

IV – esteja ligada ao documento eletrônico de tal modo que se o conteúdo deste se alterar, a assinatura digital estará invalidada;

V – não tenha sido gerada posteriormente à expiração, revogação ou suspensão das chaves.

**Art. 5º** A titularidade da chave pública poderá ser provada por todos os meios de direito.

**Parágrafo único.** Não será negado valor probante ao documento eletrônico e sua assinatura digital, pelo simples fato desta não se basear em chaves certificadas por uma autoridade certificadora credenciada.

**Art. 6º** Presume-se verdadeira, entre os signatários, a data do documento eletrônico, sendo lícito, porém, a qualquer deles, provar o contrário por todos os meios de direito.

§ 1º Após expirada ou revogada a chave de algum dos signatários, compete à parte a quem o documento beneficiar a prova de que a assinatura foi gerada anteriormente à expiração ou revogação.

§ 2º Entre os signatários, para os fins do parágrafo anterior, ou em relação a terceiros, considerar-se-á datado o documento particular na data:

I – em que foi registrado;

II – da sua apresentação em repartição pública ou em juízo;

III – do ato ou fato que estabeleça, de modo certo, a anterioridade da formação do documento e respectivas assinaturas.

**Art. 7º** Aplicam-se ao documento eletrônico as demais disposições legais relativas à prova documental que não colidam com as normas deste Título.

**Capítulo II - Da falsidade dos documentos eletrônicos**

**Art. 8º** O juiz apreciará livremente a fé que deva merecer o documento eletrônico, quando demonstrado ser possível alterá-lo sem invalidar a assinatura, gerar uma assinatura eletrônica idêntica à do titular da chave privada, derivar a chave privada a partir da chave pública, ou pairar razoável dúvida sobre a segurança do sistema criptográfico utilizado para gerar a assinatura.

**Art. 9º** Havendo impugnação de documento eletrônico, incumbe o ônus da prova:

I – à parte que produziu a prova documental, quanto à autenticidade da chave pública e quanto à segurança do sistema criptográfico utilizado;

II – à parte contrária à que produziu a prova documental, quando alegar apropriação e uso da chave privada por terceiro, ou revogação ou suspensão das chaves.

## TÍTULO III
## DOS CERTIFICADOS DIGITAIS

### Capítulo I - Dos certificados digitais e seus efeitos

**Art. 10** Os certificados digitais produzirão, entre a autoridade certificadora e o titular do certificado, os efeitos jurídicos definidos no contrato por eles firmado.

**Parágrafo único.** Em relação a terceiros, a certificação produz os efeitos que a autoridade certificadora declarar à praça, se mais benéficos àqueles.

**Art. 11** Para fazer prova, em juízo, em relação ao titular indicado no certificado, é necessário que, no ato de sua expedição:

I – o titular tenha sido pessoalmente identificado pela autoridade certificadora;

II – o titular haja reconhecido ser o detentor da chave privada correspondente à chave pública para a qual tenha solicitado o certificado;

III – tenham sido arquivados registros físicos comprobatórios dos fatos previstos nos incisos anteriores, assinados pelo titular.

**Art. 12** Os certificados digitais deverão conter, pelo menos, as seguintes informações:

I – número de série;

II – identificação e assinatura digital da autoridade certificadora;

III – chave pública a que o certificado se refere e identificação do seu titular;

IV – data de emissão e prazo de validade;

V – nome do titular e poder de representação de quem solicitou a certificação, no caso do titular ser pessoa jurídica;

VI – elementos que permitam identificar os sistemas de criptografia utilizados pela autoridade certificadora e pelo titular.

**Parágrafo único.** A regulamentação desta lei poderá determinar a inclusão de informações adicionais no certificado digital, em respeito a requisitos específicos conforme a finalidade do certificado.

**Art. 13** São obrigações do titular do certificado digital:

I – fornecer as informações solicitadas pela autoridade certificadora, observado o inciso VII do art. 18;

II – guardar sigilo, manter controle e fazer uso exclusivo de sua chave privada;

III – manifestar sua concordância expressa com os dados constantes do certificado digital;

IV – solicitar a revogação dos certificados nos casos de quebra ou suspeita de quebra de confidencialidade ou comprometimento da segurança de sua chave privada.

§ 1º O titular do certificado digital será civilmente responsável pela falsidade das informações fornecidas à autoridade certificadora, sem prejuízo das sanções penais aplicáveis, bem como pelo descumprimento das obrigações previstas no *caput* deste artigo.

§ 2º Exclui-se a responsabilidade do titular do certificado, decorrente do inciso II do *caput* deste artigo, quando o uso da assinatura digital lhe for imposto ou os meios a ele fornecidos para a criação das chaves não ofereçam garantias de auditabilidade e controle do risco.

## Capítulo II – Da suspensão e revogação de certificados digitais

**Art. 14** A autoridade certificadora suspenderá temporariamente o certificado digital:

I – a pedido por escrito do titular, devidamente identificado para o evento, ou de seu representante legal;

II – quando existam fundadas razões para crer que:

a. o certificado foi emitido com base em informações errôneas ou falsas;

b. as informações nele contidas deixaram de ser condizentes com a realidade; ou

c. a confidencialidade da chave privada foi violada.

**Parágrafo único.** A suspensão do certificado digital com fundamento no inciso II deste artigo será sempre motivada e comunicada prontamente ao titular, bem como imediatamente inscrita no registro do certificado.

**Art. 15** A autoridade certificadora deverá revogar um certificado digital:

I – a pedido por escrito do titular, devidamente identificado para o evento, ou de seu representante legal;

II – de ofício ou por determinação do Poder Judiciário, caso se verifique que o certificado foi expedido com base em informações falsas;

III – de ofício, se comprovadas as razões que fundamentaram a suspensão prevista no inciso II do art. 14;

IV – tratando-se de autoridade certificadora credenciada, por determinação da autoridade credenciadora, na forma prevista na regulamentação desta lei;

V – se a autoridade certificadora vier a encerrar suas atividades, nos termos do § 1º do art. 20 desta lei;

VI – por falecimento ou interdição do titular do certificado, se pessoa física, ou no caso de falência ou dissolução de sociedade, se pessoa jurídica.

# TÍTULO IV
## DAS AUTORIDADES CERTIFICADORAS

### Capítulo I – Dos princípios gerais

**Art. 16** A atividade de certificação digital será regida pelos seguintes princípios:

I – liberdade de contratação, observadas as normas de defesa do consumidor;

II – preservação da privacidade do usuário;

III – dispensa de autorização prévia;

IV – direito do usuário a ser adequadamente informado sobre o funcionamento dos sistemas criptográficos utilizados e os procedimentos técnicos necessários para armazenar e utilizar com segurança a chave privada;

V – vedação à exigência de depósito de chaves privadas pela autoridade certificadora.

**Art. 17** Poderão ser autoridades certificadoras as pessoas jurídicas de direito público ou privado, constituídas sob as leis brasileiras e com sede e foro no País.

**Parágrafo único.** O funcionamento de autoridade certificadora independe do credenciamento previsto no art. 21 desta lei, sendo obrigatória apenas a comunicação, ao Poder Público, do início das atividades.

### Capítulo II – Dos deveres e responsabilidades das autoridades certificadoras

**Art. 18** As autoridades certificadoras deverão:

I – emitir certificados conforme o solicitado ou acordado com o titular das chaves criptográficas;

II – implementar sistemas de segurança adequados à criação, emissão e arquivamento de certificados digitais;

III – implementar sistemas de proteção adequados para impedir o uso indevido da informação fornecida pelo requerente de certificado digital;

IV – operar sistema de suspensão e revogação de certificados, procedendo à imediata publicação nas hipóteses previstas nesta lei;

V – tornar disponível, em tempo real e mediante acesso eletrônico remoto, lista de certificados emitidos, suspensos e revogados;

VI – manter quadro técnico qualificado;

VII – solicitar do requerente de certificado digital somente as informações necessárias para sua identificação e emissão do certificado;

VIII – manter confidencialidade sobre todas as informações obtidas do titular que não constem do certificado;

IX – exercer as atividades de emissão, suspensão e revogação de certificados dentro dos limites do território brasileiro.

§ 1º Os dados pessoais não serão usados para outra finalidade que não a de certificação, salvo se consentido expressamente pelo requerente, por cláusula em destaque, que não esteja vinculada à realização da certificação.

§ 2º A quebra da confidencialidade das informações de que trata o inciso VIII do *caput* deste artigo, quando determinada pelo Poder Judiciário, respeitará os mesmos procedimentos previstos em lei para a quebra do sigilo bancário.

**Art. 19** A autoridade certificadora é responsável civilmente pelos danos sofridos pelo titular do certificado e por terceiros, decorrentes da falsidade dos certificados por ela emitidos ou do descumprimento das obrigações previstas no art. 18.

**Art. 20** O registro de certificado expedido por uma autoridade certificadora deve ser por ela conservado até o término do prazo exigido pela lei que regular o negócio jurídico associado ao certificado, não inferior, em qualquer caso, a vinte anos.

§ 1º No caso de pretender cessar voluntariamente a sua atividade ou tiver a falência decretada, a autoridade certificadora deverá providenciar a revogação dos certificados por ela emitidos, comunicando o fato, em até trinta dias, aos titulares e à autoridade credenciadora.

§ 2º No caso de revogação, referida no § 1º deste artigo, dos certificados emitidos por autoridade certificadora credenciada, a guarda da respectiva documentação será de responsabilidade da autoridade credenciadora.

**Capítulo III – Do credenciamento voluntário**

**Art. 21** Poderão ser credenciadas pela autoridade competente, mediante requerimento, as autoridades certificadoras que preencham os seguintes requisitos, conforme a regulamentação desta lei:

I – capacitação técnica para prestar os serviços de certificação, nos termos definidos nesta lei;

II – recursos de segurança física e lógica compatíveis com a atividade de certificação;

II – capacidade patrimonial adequada à atividade de certificação, ou manutenção de contrato de seguro suficiente para cobertura da responsabilidade civil decorrente da atividade de certificação;

IV – integridade e independência no exercício da atividade de certificação;

V – garantia da qualidade das informações transmitidas aos requerentes, quanto ao uso e procedimentos de segurança dos sistemas utilizados;

VI – submeter-se ao cumprimento das diretrizes, normas técnicas e práticas operacionais instituídas pela autoridade credenciadora.

§ 1º O credenciamento da autoridade certificadora importa na emissão do respectivo certificado pela autoridade certificadora raiz ou autoridade a esta vinculada.

§ 2º A autoridade certificadora raiz, primeira autoridade da cadeia de certificação, terá suas atribuições definidas na regulamentação desta lei, sendo-lhe vedada a emissão de certificados para o usuário final.

§ 3º A autoridade credenciadora procederá, a título provisório, ao credenciamento de autoridades certificadoras sem a emissão do certificado de que trata o § 1º deste artigo, até que a autoridade certificadora raiz tenha comprovadamente inserido seu certificado raiz nos programas de computador, máquinas e equipamentos de acesso à Internet, de modo a preservar a interoperabilidade dos certificados emitidos pelas autoridades certificadoras credenciadas.

**Art. 22** Às autoridades certificadoras credenciadas será atribuído um sinal gráfico, atestando que atendem aos requisitos previstos no art. 21.
**Parágrafo único.** O credenciamento permitirá à autoridade certificadora utilizar, com exclusividade, o sinal previsto no *caput* deste artigo, bem como a designação de "autoridade certificadora credenciada".

**Art. 23** O credenciamento será revogado, sem prejuízo de outras sanções aplicáveis na forma desta lei, nos casos em que:
I – for obtido por meio de declaração falsa ou expediente ilícito;
II – deixar de se verificar algum dos requisitos previstos no art. 21;
III – deixar a autoridade certificadora de exercer suas atividades por período superior a doze meses;
IV – ocorrerem irregularidades insanáveis na administração, organização ou no exercício das atividades da autoridade certificadora;
V – forem praticados atos ilícitos ou que coloquem em perigo a confiança do público na certificação.
§ 1º A revogação compete à autoridade credenciadora, em decisão fundamentada, devendo a autoridade certificadora ser notificada no prazo de sete dias úteis.
§ 2º A autoridade credenciadora dará ampla publicidade à decisão.

**Art. 24** Lei disporá sobre a criação de autoridade credenciadora, a quem caberá designar autoridade certificadora raiz, credenciar e proceder à fiscalização das autoridades certificadoras credenciadas, bem como executar atividades correlatas.

# TÍTULO V
## DO COMÉRCIO ELETRÔNICO

### Capítulo I – Da contratação no âmbito do comércio eletrônico

**Art. 25** A oferta de bens, serviços e informações não está sujeita a qualquer tipo de autorização prévia pelo simples fato de ser realizada por meio eletrônico.

**Art. 26** Sem prejuízo das disposições do Código Civil, a manifestação de vontade das partes contratantes, nos contratos celebrados por meio eletrônico, dar-se-á no momento em que o destinatário da oferta enviar documento eletrônico manifestando, de forma inequívoca, a sua aceitação das condições ofertadas.

§ 1º A proposta de contrato por meio eletrônico obriga o proponente quando enviada por ele próprio ou por sistema de informação por ele programado para operar automaticamente.

§ 2º A manifestação de vontade a que se refere o *caput* deste artigo será processada mediante troca de documentos eletrônicos, observado o disposto nos arts. 27 a 29 desta lei.

**Art. 27** O documento eletrônico considera-se enviado pelo remetente e recebido pelo destinatário se for transmitido para o endereço eletrônico definido por acordo das partes e neste for recebido.

**Art. 28** A expedição do documento eletrônico equivale:

I – à remessa por via postal registrada, se assinado de acordo com os requisitos desta lei, por meio que assegure sua efetiva recepção; e

II – à remessa por via postal registrada e com aviso de recebimento, se a recepção for comprovada por mensagem de confirmação dirigida ao remetente e por este recebida.

**Art. 29** Para os fins do comércio eletrônico, a fatura, a duplicata e demais documentos comerciais, quando emitidos eletronicamente, obedecerão ao disposto na legislação comercial vigente.

### Capítulo II - Da proteção e defesa do consumidor no âmbito do comércio eletrônico

**Art. 30** Aplicam-se ao comércio eletrônico as normas de defesa e proteção do consumidor vigentes no País.

**Art. 31** A oferta de bens, serviços ou informações por meio eletrônico deve ser realizada em ambiente seguro, devidamente certificado, e deve conter claras e inequívocas informações sobre:

I – nome ou razão social do ofertante;

II – número de inscrição do ofertante no respectivo cadastro geral do Ministério da Fazenda e, em se tratando de serviço sujeito a regime de profissão regulamentada, o número de inscrição no órgão fiscalizador ou regulamentador;

III – domicílio ou sede do ofertante;

IV – identificação e sede do provedor de serviços de armazenamento de dados;

V – número de telefone e endereço eletrônico para contato com o ofertante, bem como instruções precisas para o exercício do direito de arrependimento;

VI – tratamento e armazenamento, pelo ofertante, do contrato ou das informações fornecidas pelo destinatário da oferta;

VII – instruções para arquivamento do contrato eletrônico pelo aceitante, bem como para sua recuperação em caso de necessidade; e

VIII – sistemas de segurança empregados na operação.

**Art. 32** Para o cumprimento dos procedimentos e prazos previstos na legislação de proteção e defesa do consumidor, os adquirentes de bens, serviços e informações por meio eletrônico poderão se utilizar da mesma via de comunicação adotada na contratação para efetivar notificações e intimações extrajudiciais.

§ 1º Para os fins do disposto no *caput* deste artigo, os ofertantes deverão, no próprio espaço que serviu para o oferecimento de bens, serviços e informações, colocar à disposição dos consumidores área específica, de fácil identificação, que permita o armazenamento das notificações ou intimações, com a respectiva data de envio, para efeito de comprovação.

§ 2º O ofertante deverá transmitir uma resposta automática aos pedidos, mensagens, notificações e intimações que lhe forem enviados eletronicamente, comprovando o recebimento.

### Capítulo III – Da solicitação e uso das informações privadas

**Art. 33** O ofertante somente poderá solicitar do consumidor informações de caráter privado necessárias à efetivação do negócio oferecido, devendo mantê-las em sigilo, salvo se prévia e expressamente autorizado pelo respectivo titular a divulgá-las ou cedê-las.

§ 1º A autorização de que trata o *caput* deste artigo constará em destaque, não podendo estar vinculada à aceitação do negócio.

§ 2º Sem prejuízo de sanção penal, responde por perdas e danos o ofertante que solicitar, divulgar ou ceder informações em violação ao disposto neste artigo.

### Capítulo IV – Das obrigações e responsabilidades dos provedores

**Art. 34** Os provedores de acesso que assegurem a troca de documentos eletrônicos não podem tomar conhecimento de seu conteúdo, nem duplicá-los por qualquer meio ou ceder a terceiros qualquer informação, ainda que resumida ou por extrato, sobre a existência ou sobre o conteúdo desses documentos, salvo por indicação expressa do seu remetente.

§ 1º Igual sigilo recai sobre as informações que não se destinem ao conhecimento público armazenadas no provedor de serviços de armazenamento de dados.

§ 2º Somente mediante ordem do Poder Judiciário poderá o provedor dar acesso às informações acima referidas, sendo que as mesmas deverão ser mantidas, pelo respectivo juízo, em segredo de justiça.

**Art. 35** O provedor que forneça serviços de conexão ou de transmissão de informações, ao ofertante ou ao adquirente, não será responsável pelo conteúdo das informações transmitidas.

**Art. 36** O provedor que forneça ao ofertante serviço de armazenamento de arquivos e sistemas necessários para operacionalizar a oferta eletrônica de bens, serviços ou informações não será responsável pelo seu conteúdo, salvo, em ação regressiva do ofertante, se:
I – deixou de atualizar as informações objeto da oferta, tendo o ofertante tomado as medidas adequadas para efetivar as atualizações, conforme instruções do próprio provedor; ou
II – deixou de arquivar as informações ou, tendo-as arquivado, foram elas destruídas ou modificadas, tendo o ofertante tomado as medidas adequadas para seu arquivamento, segundo parâmetros estabelecidos pelo provedor.

**Art. 37** O provedor que forneça serviços de conexão ou de transmissão de informações, ao ofertante ou ao adquirente, não será obrigado a vigiar ou fiscalizar o conteúdo das informações transmitidas.

**Art. 38** Responde civilmente por perdas e danos, e penalmente por co-autoria do delito praticado, o provedor de serviço de armazenamento de arquivos que, tendo conhecimento inequívoco de que a oferta de bens, serviços ou informações constitui crime ou contravenção penal, deixar de promover sua imediata suspensão ou interrupção de acesso por destinatários, competindo-lhe notificar, eletronicamente ou não, o ofertante, da medida adotada.

## TÍTULO VI
## DAS SANÇÕES ADMINISTRATIVAS

**Art. 39** As infrações às normas estabelecidas nos Títulos II, III e IV desta lei, independente das sanções de natureza penal e reparação de danos que causarem, sujeitam a autoridade infratora à penalidade de multa de dez mil reais a um milhão de reais cominada, no caso de autoridade credenciada, à suspensão de credenciamento ou à sua revogação.

§ 1º As sanções estabelecidas neste artigo serão aplicadas pela autoridade credenciadora, considerando-se a gravidade da infração, vantagem auferida, capacidade econômica e eventual reincidência.

§ 2º A pena de suspensão poderá ser imposta por medida cautelar antecedente ou incidente de procedimento administrativo.

## TÍTULO VII
## DAS SANÇÕES PENAIS

**Art. 40** A quebra de sigilo das informações de que trata o inciso VIIII do art. 18 e os arts. 33 e 34 desta lei constitui crime e sujeita os responsáveis à pena de reclusão, de um a quatro anos.

**Art. 41** Equipara-se ao crime de falsificação de papéis públicos, sujeitando-se às penas do art. 293 do Código Penal, a falsificação, com fabricação ou alteração, de certificado digital de ente público.

**Parágrafo único.** Incorre na mesma pena de crime de falsificação de papéis públicos quem utilizar certificado digital público falsificado.

**Art. 42** Equipara-se ao crime de falsificação de documento público, sujeitando-se às penas previstas no art. 297 do Código Penal, a falsificação, no todo ou em parte, de documento eletrônico público, ou a alteração de documento eletrônico público verdadeiro.

**Parágrafo único.** Se o agente é funcionário público, e comete o crime prevalecendo-se do cargo, aplica-se o disposto no § 1º do art. 297 do Código Penal.

**Art. 43** Equipara-se ao crime de falsidade de documento particular, sujeitando-se às penas do art. 298 do Código Penal, a falsificação, no todo ou em parte, de certificado ou documento eletrônico particular, ou alteração de certificado ou documento eletrônico particular verdadeiro.

**Art. 44** Equipara-se ao crime de falsidade ideológica, sujeitando-se às penas do art. 299 do Código Penal, a omissão, em documento ou certificado eletrônico público ou particular, de declaração que dele devia constar, ou a inserção ou fazer com que se efetue inserção de declaração falsa ou diversa da que devia ser escrita, com o fim de prejudicar direito, criar obrigação ou alterar a verdade sobre fato juridicamente relevante.

**Parágrafo único.** Se o agente é funcionário público, e comete o crime prevalecendo-se do cargo, aplica-se o disposto no parágrafo único do art. 299 do Código Penal.

**Art. 45** Equipara-se ao crime de supressão de documento, sujeitando-se às penas do art. 305 do Código Penal, a destruição, supressão ou ocultação, em benefício próprio ou de outrem, de documento eletrônico público ou particular verdadeiro, de que não se poderia dispor.

**Art. 46** Equipara-se ao crime de extravio, sonegação ou inutilização de documento, sujeitando-se às penas previstas no art. 314 do Código Penal, o extravio de qualquer documento eletrônico, de que se tem a guarda em razão do cargo, ou sua sonegação ou inutilização, total ou parcial.

# TÍTULO VIII
## DAS DISPOSIÇÕES GERAIS

**Art. 47** As certificações estrangeiras de assinaturas digitais terão o mesmo valor jurídico das expedidas no País, desde que a autoridade certificadora esteja sediada e seja devidamente reconhecida em país signatário de acordos internacionais relativos ao reconhecimento jurídico daqueles certificados, dos quais seja parte o Brasil.

**Art. 48** Para a solução de litígios de matérias objeto desta lei poderá ser empregado sistema de arbitragem, obedecidos os parâmetros da Lei nº 9.037, de 23 de setembro de 1996, dispensada a obrigação decretada no § 2º de seu art. 4º, devendo, entretanto, efetivar-se destacadamente a contratação eletrônica da cláusula compromissória.

# TÍTULO IX
## DISPOSIÇÕES FINAIS

**Art. 49** O Poder Executivo regulamentará a presente lei no prazo de noventa dias.

**Art. 50** Esta lei entra em vigor na data de sua publicação.

Sala da Comissão, em 26 de setembro de 2001.
Deputado JULIO SEMEGHINI
Relator

# Referências Bibliográficas

ALMEIDA, João Batista de. **A Proteção Jurídica do Consumidor**. 4ª ed. São Paulo: Saraiva, 2003.

ANDRADE, Ronaldo Alves de. **Contrato Eletrônico no Novo Código Civil e no Código do Consumidor**. Barueri, SP: Manole, 2004.

BLUM, Rita Peixoto Ferreira. **Direito do Consumidor na Internet**. São Paulo: Quartier Latin, 2002.

COSTA, Judith Hofmeister Martins. **A Boa-fé no Direito Privado: sistema e tópica no processo obrigacional**. São Paulo, 1999.

CRETELLA Júnior, José. **Curso de Direito Romano**. Curso de Direito Romano: o Direito Romano e o Direito Civil Brasileiro. 27ª ed. Rio de Janeiro: Forense, 2002.

FINKELSTEIN, Maria Eugênia Reis. **Aspectos Jurídicos do Comércio Eletrônico**. Porto Alegre: Síntese, 2004.

GRINOVER, Ada Pelegrini...[et al.]. **Código Brasileiro de Defesa do Consumidor Comentado pelos Autores do Anteprojeto.** 8ª ed. Rio de Janeiro: Forense Universitária, 2004.

LORENZETTI, Ricardo L. Tradução de Fabiano Menke. **Comércio Eletrônico.** São Paulo: Revista dos Tribunais, 2004.

MARQUES, Antonio Terêncio G. L. **A Prova Documental na Internet.** Curitiba: Juruá, 2005.

MARQUES, Cláudia Lima. **Confiança no Comércio Eletrônico e a Proteção do Consumidor (um estudo dos negócios jurídicos de consumo no comércio eletrônico).** São Paulo: Revista dos Tribunais, 2004.

_____. **Contratos no Código de Defesa do Consumidor: o novo regime das relações contratuais.** 4ª ed. São Paulo: Revista dos Tribunais, 2004.

MARTINS, Guilherme Magalhães. **Formação dos Contratos Eletrônicos de Consumo via Internet.** Rio de Janeiro: Forense, 2003.

MARTINS, Plínio Lacerda. **O Abuso nas Relações de Consumo e o Princípio da Boa-fé.** Rio de Janeiro: Forense, 2002.

MELLO, Celso Antonio Bandeira de. **Curso de Direito Administrativo.** 18ª ed. São Paulo: Malheiros, 2005.

MORAES, Amaro; NETO, Silva. **Emails Indesejados à Luz do Direito.** São Paulo: Quartier Latin, 2002.

NERI JUNIOR, Nelson; NERY, Rosa Maria de Andrade. **Código Civil Anotado e Legislação Extravagante.** 2ª ed. São Paulo: Revista dos Tribunais, 2003.

NUNES, Luiz Antonio Rizzatto. **Curso de Direito do Consumidor.** São Paulo: Saraiva, 2004.

PECK, Patricia. **Direito Digital.** Saraiva: 2002.

PEREIRA, Marcelo Cardoso. **Direito à Intimidade na Internet.** Curitiba: Juruá, 2005.

RIES, Al; TROUT, Jack. Tradução de Auriphebo Berrance Simões. **Marketing de Guerra.** 31ª ed. São Paulo: McGraw-Hill, 1986.

SOARES, Paulo Brasil Dill. **Princípios Básicos de Defesa do Consumidor (institutos de proteção ao hipossuficiente).** Rio de Janeiro: Editora de Direito, 2001.

VOLPI, Marlon Marcelo. **Assinatura Digital – aspectos técnicos, práticos e legais.** Rio de Janeiro: 2001.

## TEXTOS EM MEIO ELETRÔNICO

COSTA, Judith Hofmeister Martins. **O Direito Privado como um "Sistema em Construção": as Cláusulas Gerais no Projeto do Código Civil Brasileiro.** Disponível em: <http://www1.jus.com.br/doutrina/texto.asp?id=513>. Acesso em: 16 de julho de 2005.

NETO, Jose Henrique Barbosa Moreira Lima. **Aspectos Jurídicos do Comércio Eletrônico.** Disponível em: <http://www.jus.com.br/doutrina/docuelet.html>. Acesso em: 11 de julho de 2005.

PECK, Patrícia. **Seja um E-consumidor Moderno e Defenda seus Direitos na Web.** Disponível em: <http://consumidormoderno.com.br/ler_materia.asp?id=3489>. Acesso em: 16 de julho de 2005.

SANTOS, Maria Cecília de Andrade. **Contratos Informáticos.** Estudo. Disponível em: <http://www.teiajuridica.com.br>. Acesso em: 11 de julho de 2005.

SILVA, Bruno de Melo. **Uma Abordagem da Infraestrutura de Chaves Públicas para Ambientes Corporativos.** Disponível em: <http://www.modulo.com.br/index.jsp>. Acesso em: 11 de julho de 2005.

SLAWINSKI, Célia Barbosa Abreu. **A Trajetória da Boa-fé Objetiva no Direito Brasileiro.** Disponível em: <http://www1.jus.com.br/doutrina/texto.asp?id=3120>. Acesso em: 16 de julho de 2005.

## PERIÓDICOS

COSTA, Marcos. **A ICP Brasil e os Documentos Eletrônicos**. Caderno Jurídico – Escola Superior do Ministério Público de São Paulo. São Paulo: Imprensa Oficial. Ano II. Julho de 2002

ERENBERG, Jean Jacques. **Publicidade Patológica na Internet**. A ICP Brasil e os Documentos Eletrônicos. Caderno Jurídico – Escola Superior do Ministério Público de São Paulo. São Paulo: Imprensa Oficial. Ano II. Julho de 2002

SCHERAIBER, Ciro Expedito. **"Mailing Lists" e o Direito do Consumidor**. A ICP Brasil e os Documentos Eletrônicos. Caderno Jurídico – Escola Superior do Ministério Público de São Paulo. São Paulo: Imprensa Oficial. Ano II. Julho de 2002

## TRABALHOS ACADÊMICOS

ASHBAHR, Péricles. **O princípio da Boa-fé nas Relações de Consumo**. 2003. Monografia (Especialização em Direito do Consumidor) – Centro de Pesquisa e Pós-graduação – CPPG UniFMU, São Paulo.

FARIAS, Inez Lopes Matos Carneiro de. **A Proteção do Consumidor Internacional no Comércio Internacional Eletrônico**. 2002 (Dissertação de Mestrado) Universidade de São Paulo, São Paulo.

## *WEBSITES* CONSULTADOS

www.b2bmagazine.com.br
www.camara.gov.br
www.conhecimentosgerais.com.br
www.consumidormoderno.com.br
www.direitobrasil.adv.br

www.e-commerce.org.br
www.educarede.org.br
www.ideco.com.br
www.latinoamericana.org.br
www.mj.gov.br
www.neofito.com.br
www.nw.com
www.plannersbrasil.com.br
www.simonevb.com
www.stj.gov.br
www.submarino.com.br
www.teleco.com.br
www.tj.rj.gov.br
www.tj.rs.gov.br
www.tudo.americanas.com.br
www.uncitral.org